Joseph Ratzinger in Münster

Manuel Schlögl

Joseph Ratzinger in Münster 1963-1966

dialogverlag

Bibliografische Information Der Deutschen Bibliothek
Die Deutsche Bibliothek verzeichnet diese Publikation in der Deutschen Nationalbibliografie; detai lierte bibliografische Daten sind im Internet über http://dnb.d-nb.de abrufbar.

ISBN 978-3-941462-72-4
1. Auflage 2012

Titelbild: KNA
Gestaltung: Markus Nolte
Gesamtherstellung: **dialog**verlag Münster
Druck: Druckhaus Tecklenborg, Steinfurt

Inhaltsverzeichnis

2 CDs mit den drei Predigten »Vom Sinn des Christseins«, die Joseph Ratzinger im Advent 1964 im Münsteraner Dom gehalten hat, finden Sie jeweils im vorderen und im hinteren Einband dieses Buches.

Geleitwort

Bischof Dr. Felix Genn, Münster

50 Jahre nach der Eröffnung des II. Vatikanischen Konzils und beinahe 50 Jahre nach dem Amtsantritt von Papst Benedikt XVI. als Theologieprofessor in Münster gibt der Passauer Priester und Promovend an der Universität Münster, Kaplan Manuel Schlögl, dieses Buch über die Zeit von Professor Joseph Ratzinger in Münster heraus.

Gern bin ich dem Wunsch nachgekommen, dieses Buch mit einem Geleitwort zu versehen. Ich tue dies aus persönlicher Wertschätzung, aus Dankbarkeit gegenüber dem jetzigen Heiligen Vater und in der Nachfolge des ebenfalls vor 50 Jahren zum Bischof von Münster geweihten Professor Dr. Josef Höffner, der sicherlich mit großer Dankbarkeit und Sympathie das Wirken des jungen Theologieprofessors Joseph Ratzinger an seiner Fakultät in Münster zur Ausbildung der zukünftigen Priester und Religionslehrer und Religionslehrerinnen begleitet hat.

Die Spuren, die Professor Ratzinger in Münster hinterlassen hat, sind auch heute noch spürbar. Ich begegne ihnen, wenn Priester mir erzählen, wie dankbar sie sind, damals diesen jungen theologischen Lehrer gehört zu haben. Auch die berühmten Adventspredigten, die Professor Ratzinger 1964 im Münsteraner Dom gehalten hat, die unter dem Titel »Vom Sinn des Christseins« erschienen sind und deren Originalton die diesem Buch beiliegenden CDs hörbar machen, sind Zeugnisse der Verkündigung, von denen ich noch heute höre, weil sie sich tief in die Herzen der Menschen eingeprägt haben.

Als vor 50 Jahren das II. Vatikanische Konzil begann, war ich zwölf Jahre alt. Durch mein Interesse am Leben der Kirche und durch den Religionsunterricht am Andernacher Gymnasium konnte ich damals bereits an dem teilnehmen, was die ganze Kirche in dieser Zeit bewegte. Als das Konzil 1964 die Kirchenkonstitution verabschiedete, wies mich mein damaliger Religionslehrer auf eine Ausgabe aus dem Aschendorff Verlag hin, in der in Lateinisch und Deutsch dieses wichtige kirchliche Dokument veröffentlicht worden war, versehen mit einer Einleitung von Joseph Ratzinger. Das ist meine erste Begegnung mit ihm gewesen.

Ich habe dieses Dokument damals studiert und aufgenommen, soweit ich es verstehen konnte. Aber der Name von Professor Ratzinger hat sich mir eingeprägt. Dazu gehörten auch seine Rückblicke auf die einzelnen Sitzungsperioden des Konzils. Auf Fotos, die ich in den einzelnen kirchlichen Zeitungen über das Konzil begierig aufnahm, war auch hin und wieder dieser junge Professor mit der hoch gewachsenen Stirn und dem vollen und dichten Haar zu sehen. All das hat mich beeindruckt.

In den Jahren nach dem Konzil nahm ich lebhaften Anteil an all den Entwicklungen, die durch diese Kirchenversammlung ausgelöst worden waren, auch an Entwicklungen, die mit dem Konzil begründet wurden, die ich aber heute gar nicht unmittelbar in den Quellen entdecken kann. In meinem Suchen und Fragen, wie das, was ich im Katechismus und Religionsunterricht über die Lehre der Kirche gelernt hatte, zusammen zu sehen war mit dem, was allenthalben von Theologen veröffentlicht wurde, erlebte ich auch manche Verwirrung und Irritation, heute möchte ich sogar sagen: auch manche Verwundung.

Deshalb war es eine große Hilfe für mich, als mein Religionslehrer mir zum Abitur die »Einführung in das Christentum« von Joseph Ratzinger schenkte. Auch wenn ich damals das Buch nicht ganz gelesen habe, hat es in mir so viel bewirkt, dass ich mich nach den ersten zwei Jahren meines Trierer Theologiestudiums entschied, nach Regensburg zu gehen. Es war damals gar nicht üblich, in dieser Stadt sein Außenstudium als Seminarist zu absolvieren, wählte man doch lieber Innsbruck wegen der Berge oder Freiburg wegen der schönen Landschaft, bisweilen auch Münster, weil dort gute Theologen unterrichteten, sodass ich gefragt wurde, weshalb ich Regensburg wählte. Ich weiß heute noch, dass ich spontan geantwortet habe: »Dort lehrt Joseph Ratzinger; und ich will endlich wissen, was wirklich katholisch ist.«

Das hat sich erfüllt. Mit Begeisterung haben wir Trierer mit vielen anderen Studenten und Studentinnen in dem vollen Hörsaal die Vorlesungen von Professor Ratzinger über die Eucharistie und über die Eschatologie aufgenommen. Ich erinnere mich noch an manche Stunden, in denen es mucksmäuschenstill im Hörsaal war, weil niemand ein Wort überhören wollte, das der Dozierende uns aus der Fülle seines Wissens und seines Glaubens schenkte, dabei nie in den Hörsaal blickte, sondern fixiert war auf die linke obere Ecke – für uns kein Zeichen mangelnder Wertschätzung, sondern höchster Konzentration.

Auch die Seminarübungen über die Theologie und Geschichte des Bußsakramentes und die Lektüre gerade erschienener theologischer Bücher – unter anderem Hans Küng: »Wozu Priester?« – haben mir geholfen, das mir gesteckte Ziel zu erreichen.

In allen Auseinandersetzungen, die gerade auch die historisch-kritische Methode der Bibelexegese verursachte, aber auch in den persönlichen Fragestellungen in einer Zeit, in der viele das priesterliche Amt wegen des Zölibates verließen, sich für diesen Lebensweg zu entscheiden, spielen die Vorlesungen von Professor Ratzinger eine große Rolle. Ich habe mich oft gefragt, woher der Professor, mit dem ich über meine inneren Fragen nie zu sprechen gewagt hätte, meine Fragen kannte. Heute ist es mir klar: Er hat sich mit den Fragen, die damals »en vogue« waren, auseinander gesetzt. Deshalb konnte er sie beantworten aus dem Traditionsstrom der Kirche heraus.

Es sind die bleibenden Fragen, die ihn offensichtlich ein Leben lang beschäftigt haben, und von denen seine beiden Jesus-Bücher Zeugnis geben: Ist das Zeugnis des Neuen Testamentes über Jesus Christus und das Glaubensbekenntnis der Kirche mit dem, was den irdischen Jesus bewegt hat, in Einklang zu bringen, oder handelt es sich hier um drei verschiedene Wirklichkeiten? Gibt es einen Hiatus zwischen Neuem Testament und dem historischen Jesus und zwischen dem Neuen Testament und dem Weg der Kirche durch die ersten Jahrhunderte bis zum Heute?

Ich jedenfalls kann bekennen, dass ich nicht Priester geworden wäre, wenn ich nicht in den Vorlesungen von Professor Ratzinger Brücken zur Beantwortung dieser Fragen gefunden hätte; ich darf sogar sagen: Ich entdeckte Antworten.

Von daher bin ich froh, dass Professor Ratzinger in seiner Lehrtätigkeit gewürdigt wird. Dass sich dies auf die Jahre in Münster bezieht, die an Zahl gering waren, freut mich ganz besonders, weil ich als Bischof von Münster stolz bin, darauf verweisen zu können, dass an unserer Fakultät mit Kardinal Walter Kasper, Karl Rahner, Wilhelm Thüsing und anderen renommierten Professoren auch jemand akademischer Lehrer war, dem die Führung des Heiligen Geistes das Petrusamt für die Kirche anvertraut hat.

Ich danke Herrn Kaplan Manuel Schlögl für die Mühe, dieses beeindruckende Buch zusammengestellt zu haben, und ich wünsche allen Leserinnen und Lesern reiche geistliche Frucht aus einer historischen Rückschau für unser Heute.

Einführung

Manuel Schlögl

Im Leben eines Menschen gibt es Abschnitte von unterschiedlichem Gewicht. Die zeitliche Dauer eines Lebensabschnitts sagt dabei noch nichts darüber aus, welche Bedeutung er im Lebensganzen einnimmt. Denn auch in kurzer Zeit können persönliche Begegnungen oder geschichtliche Ereignisse Weichen für das weitere Leben stellen.

Der Zeit, die Joseph Ratzinger in Münster verbracht hat, wird in den bisher erschienenen Biografien und Fachbüchern nicht allzu viel Aufmerksamkeit geschenkt. Von der zeitlichen Dauer her gesehen ist das nicht weiter verwunderlich. Ratzinger hat lediglich dreieinhalb Jahre in der Hauptstadt Westfalens verbracht, und davon noch einmal wenigstens ein Viertel außerhalb von Münster als Berater beim Zweiten Vatikanischen Konzil und bei der Vor- und Nachbereitung der einzelnen Konzilssitzungen.

Wie bewertet Joseph Ratzinger selbst seine Zeit in Münster? Zu seinem 70. Geburtstag hat der damalige Präfekt der römischen Glaubenskongregation einen kurzen, aber gehaltvollen autobiografischen Essay unter dem Titel »Aus meinem Leben. Erinnerungen (1927-1977)« vorgelegt. Von den 121 Textseiten der deutschen Ausgabe behandelt die eine Hälfte seine Kinder-, Jugend- und Studienzeit, die andere Hälfte seine akademische Tätigkeit in München, Freising, Bonn, Münster, Tübingen und Regensburg. Der Zeitraum, der sich mit Ratzingers Professur in Münster deckt (1963-1966), umfasst immerhin 17 Seiten. Die Notizen zu Bonn (6 Seiten), Tübingen (4 Seiten) und Regensburg (12 Seiten) bleiben deutlich dahinter zurück. Münster wird zudem zweimal in Kapitelüberschriften erwähnt: »Der Konzilsbeginn und der Übergang nach Münster« und »Münster und Tübingen«.

Das Wort »Übergang« scheint überhaupt dafür geeignet, die Bedeutung der Münsteraner Zeit im Leben Joseph Ratzingers zusammenzufassen.

Münster steht für den fachlichen Übergang des Professors von der Fundamentaltheologie in die Dogmatik, für den kirchengeschichtlichen Übergang von der noch weitgehend geschlossenen Welt des Katholizismus vor dem Zweiten Vatikanischen Konzil in die Nachkonzilszeit mit all ihren Aufbrüchen und Spannungen, schließlich für den Übergang des deutschen Theologen in den Bereich der Weltkirche, der er fortan als Berater und später als Bischof und Nachfolger Petri dienen wird.

Nicht nur hat Münster auf diese Weise in der Lebensgeschichte Joseph Ratzingers deutliche Spuren hinterlassen, auch ist er selbst dort präsent geblieben. Nach beinahe 50 Jahren erinnern sich noch heute viele seiner Mitarbeiter, Studenten und Weggefährten an den jungen Professor und seine mitreißenden Vorlesungen und Predigten, an den geistlichen Berater und Freund. Meine Gespräche mit ihnen haben neue Einzelheiten und Dokumente ans Licht gebracht, die auf die biografische wie theologische Bedeutung der Münster-Jahre im Leben des Heiligen Vaters hinweisen. Ohne ihre Mithilfe wäre dieses Buch nicht entstanden. Schon an dieser Stelle sei ihnen allen ausdrücklich gedankt. Zitate aus diesen Gesprächen werden im fortlaufenden Text kenntlich gemacht.

Den Rahmen für die folgenden sieben Kapitel bildet die zeitliche Abfolge der Ereignisse. Innerhalb dieses Rahmens erfolgt die Darstellung nach inhaltlichen Gesichtspunkten. Die theologisch interessierteren Leser werden in den Anmerkungen weiterführende Literaturangaben finden.

Widmen möchte ich dieses Buch dem Sprecher des Schülerkreises Joseph Ratzinger / Papst Benedikt XVI., P. Prof. Dr. Stephan Otto Horn SDS. Ihm persönlich und dem Schülerkreis verdanke ich vieles.

Münster, zum 50. Jahrestag der Eröffnung des Zweiten Vatikanischen Konzils,
11. Oktober 2012

14

Bonn 1960.

1. Der zweifache Ruf

Wie Joseph Ratzinger nach Münster kam

Seit April 1959 lehrte Joseph Ratzinger das Fach Fundamentaltheologie an der Rheinischen Wilhelms-Universität Bonn. In Bad Godesberg hatte er mit seiner Schwester Maria, die ihm den Haushalt führte, ein schönes Haus bezogen. Der Kölner Erzbischof Josef Kardinal Frings schätzte ihn außerordentlich und bat ihn wiederholt um fachlichen Rat. »Ich liebte das Rheinland, ich liebte meine Studenten und meine Arbeit an der Universität Bonn; durch Kardinal Frings war ich noch zusätzlich dieser Aufgabe verpflichtet«[1], heißt es in den Erinnerungen.

Warum verließ Ratzinger im Frühjahr 1963 Bonn dann schon wieder und ging nach Münster? Seine Berufung in die westfälische Universitätsstadt ist ein spannendes Geschehen mit wechselnden Akteuren. Zwei Berufungen waren nötig, um Ratzinger zu gewinnen, und die Schreiben der Bistumsleitung und der Katholisch-Theologischen Fakultät belegen, welch große persönliche wie fachliche Wertschätzung der gerade 36-jährige Gelehrte bereits genoss, bevor er nach Münster kam.

Der erste Ruf

Am 25. März 1962 wurde der damalige Professor für Dogmatik an der Katholisch-Theologischen Fakultät in Münster, Prälat Prof. Dr. Dr. Hermann Volk (1903-1988), von Papst Johannes XXIII. zum Bischof von Mainz ernannt.[2] Damit war der wichtige Lehrstuhl für die Darstellung der katholischen Glaubenslehre ab Sommersemester 1962 frei und das Interesse groß, ihn bald wieder mit einem qualifizierten Theologen zu besetzen. Bereits im Juni 1962 fragte das nordrhein-westfälische Kultusministerium im Auftrag der Katholisch-Theologischen Fakultät bei Ratzinger an, ob er bereit wäre, einen Ruf nach Münster anzunehmen.

Volk selbst hatte auf den jüngeren Kollegen hingewiesen und »drängte« ihn nun, den Ruf möglichst bald anzunehmen.[3] Ratzinger aber zögerte, weil er seine neue Heimat Bonn nur ungern verlassen wollte.

Da schaltete sich auf Anraten des damaligen Fakultätsdekans, des Liturgiewissenschaftlers Professor Emil Joseph Lengeling (1916-1986), Kapitularvikar Laurenz Böggering (1904-1996) ein, der seit dem Tod von Bischof Michael Keller (1896-1961) die Amtsgeschäfte des Bistums leitete. Er schrieb am 19. Juli 1962 einen werbenden Brief nach Bad Godesberg. Darin heißt es:

> »Ich bin zutiefst überzeugt, daß Sie der richtige Nachfolger des hochverdienten Professor Volk, des nunmehrigen Bischofs von Mainz, auf dem Lehrstuhl für Dogmatik in Münster sind und daß Sie recht bald im Kreise der münsterischen Fakultät beheimatet sein werden. Zudem sind Sie in Münster kein Unbekannter. Auch ich hatte die Ehre, gelegentlich des internationalen Studententreffens auf der Jugendburg Gemen Sie kennen und schätzen zu lernen. Sie wirkten dort in einem Podiumsgespräch mit ... Nach meiner Rückkehr von Gemen berichtete ich dem leider inzwischen verstorbenen Bischof Dr. Michael Keller von meinen Eindrücken in Gemen, u.a. auch von Ihrem ... Diskussionsbeitrag. Ich habe mit meiner Wertschätzung Ihrerseits dem Bischof gegenüber nicht gespart. Dr. Michael Keller sagte: ‚Ja, ich stimme voll und ganz ein in Ihre hohe Meinung von Professor Ratzinger. Der wäre auch für Münster der richtige Mann‹, nicht ahnend, daß sich die Möglichkeit so schnell bieten würde.«[4]

In seinem Antwortschreiben vom 26. Juli 1962 gesteht Ratzinger Kapitularvikar Böggering, dass »Ihre aufmunternden Worte ... Ihren Eindruck auf mich nicht verfehlt und ein weiteres Gewicht in die Waagschale Münster geworfen haben«.[5]

Dennoch erteilte Ratzinger am 27. August dem Ruf aus Münster eine Absage, wohl auch aus Rücksicht auf die Zusammenarbeit mit Kardinal Frings in der Vorbereitungsphase des Zweiten Vatikanischen Konzils, das im Oktober 1962 beginnen sollte. Kurz danach bekamen zwei von Ratzingers Doktoranden Schwierigkeiten innerhalb der Bonner Fakultät, ihre Arbeiten drohten am Widerstand einiger Professoren zu scheitern.[6] Weil er selbst bei seiner Habilitation in München ähnliche Schwierigkeiten erlebt und sich damals vorgenommen hatte, »wenn irgend von der Sache her möglich die Partei des Schwächeren zu ergreifen«[7], suchte Ratzinger nach einem Ausweg – und dachte nun erneut an Münster. Es ist bezeichnend, dass am Ende weniger sein eigenes Interesse den Ausschlag für den Weggang aus Bonn gegeben hat als vielmehr der vorbehaltlose Einsatz für die akademische Zukunft seiner Studenten, die ihre Arbeiten in Münster bei ihm abschließen konnten.

Der zweite Ruf

Während der ersten Konzilsperiode scheint Ratzinger in Rom mit Professor Lengeling, der sich als Peritus (Konzilsberater) des Bischofs von Münster ebenfalls dort aufhielt, gesprochen zu haben, denn am 26. November 1962 schreibt der Nachfolger Lengelings als Dekan der Katholisch-Theologischen Fakultät, der Kirchenrechtler Professor Peter-Josef Keßler (1905-1988), an Ratzinger:

»Gelegentlich einer Rückfrage bei meinem Amtsvorgänger, der ja z.Zt. auch in Rom weilt, teilte mir Herr Lengeling ... mit, daß in Sachen Besetzung des dogmatischen Lehrstuhls an unserer Fakultät eine Bereitschaft Ihrerseits, den Lehrstuhl zu übernehmen, ... bestehe.«[8]

Keßler versichert, dass Fakultät wie Ministerium eine zweite Berufung aussprechen würden, allerdings unter der Voraussetzung einer verbindlichen Zusage Ratzingers, den Ruf nun anzunehmen.

Am 17. Dezember 1962 sagte Ratzinger schließlich zu. Der neue Bischof von Münster, Dr. Joseph Höffner (1906-1987), beantragte sogleich bei der Studienkongregation in Rom die für die Berufung eines Theologieprofessors notwendige Genehmigung, das »Nihil obstat«. In diesem Antrag heißt es:

> »Die Katholisch-Theologische Fakultät Münster hält (einstimmig, bei einer Enthaltung) Herrn Prof. Dr. Ratzinger in hervorragender Weise für geeignet, die nicht leichte Nachfolge des im In- und Ausland hochangesehenen bisherigen Ordinarius anzutreten. Professor Ratzinger erfreut sich, trotz seines relativ jungen Alters und seiner kurzen Lehrtätigkeit, bereits großer Wertschätzung als Lehrer und Forscher. Durch hervorragende Veröffentlichungen und Vorträge ist er über seine Fakultät hinaus bekannt geworden.«[9]

Am 18. Februar 1963 erteilt die Studienkongregation ihre Zustimmung, sodass Ratzinger zum Beginn des Sommersemesters am 1. April 1963 als ordentlicher Professor für das Fach Dogmatik und Dogmengeschichte in Münster berufen werden kann. Das Interesse der Katholisch-Theologischen Fakultät, die gute Ausstattung und der fachliche Zuschnitt des Lehrstuhls, das Wohlwollen der kirchlichen Autoritäten, der Rat von Bischof Volk, Kardinal Frings und anderen, schließlich der Vorteil, den er sich für seine Doktoranden versprach, füllten die »Waagschale Münster« und wurden in ihrer Summe »zu einer Macht, der ich mich beugte«.[10]

Joseph Ratzinger hat Bonn nicht ganz freiwillig verlassen. Wie noch des Öfteren in seinem Leben musste er einsehen, dass seine eigenen Wünsche auf dem ihm »von der Vorsehung gewiesenen Weg«[11] zurückzutreten hatten und dass seine Gefühle das ihm von Gott Abgeforderte nur langsam einholten. Trotz der herzlichen Aufnahme in Münster denkt er noch Jahre später mit Wehmut an den verfrühten Abschied von Bonn zurück:

> »So begann ich im Sommer 1963 meine Vorlesungstätigkeit in Münster mit einer großzügigen personellen und sachlichen Ausstattung. Die Aufnahme durch das Kollegium war überaus herzlich, die Bedingungen hätten kaum günstiger sein können. Aber ich muß gestehen, daß mir doch ein Heimweh nach Bonn, nach der Stadt am Strom, ihrer Heiterkeit und geistigen Dynamik geblieben ist.«[12]

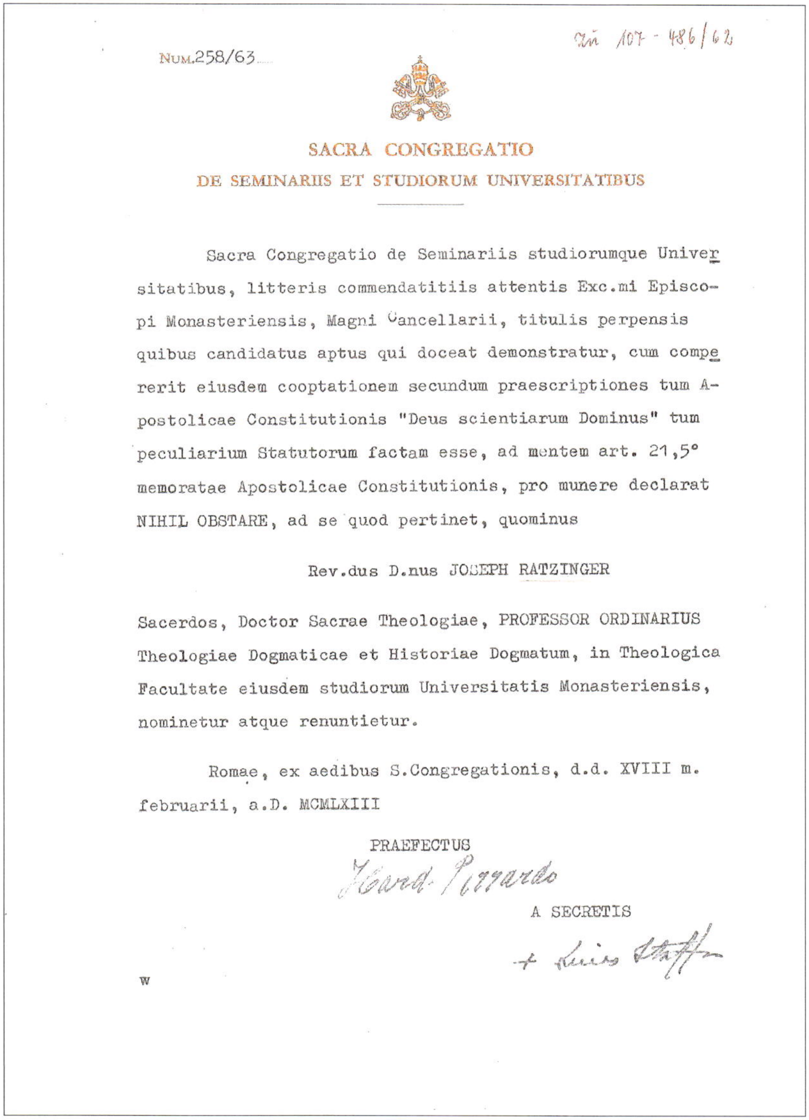

Num. 258/63

SACRA CONGREGATIO
DE SEMINARIIS ET STUDIORUM UNIVERSITATIBUS

Sacra Congregatio de Seminariis studiorumque Universitatibus, litteris commendatitiis attentis Exc.mi Episcopi Monasteriensis, Magni Cancellarii, titulis perpensis quibus candidatus aptus qui doceat demonstratur, cum comperit eiusdem cooptationem secundum praescriptiones tum Apostolicae Constitutionis "Deus scientiarum Dominus" tum peculiarium Statutorum factam esse, ad mentem art. 21,5° memoratae Apostolicae Constitutionis, pro munere declarat NIHIL OBSTARE, ad se quod pertinet, quominus

Rev.dus D.nus JOSEPH RATZINGER

Sacerdos, Doctor Sacrae Theologiae, PROFESSOR ORDINARIUS Theologiae Dogmaticae et Historiae Dogmatum, in Theologica Facultate eiusdem studiorum Universitatis Monasteriensis, nominetur atque renuntietur.

Romae, ex aedibus S.Congregationis, d.d. XVIII m. februarii, a.D. MCMLXIII

PRAEFECTUS

A SECRETIS

W

Nihil obstat für Prof. Joseph Ratzinger, ausgestellt von der römischen Studien-Kongregation.

2. Zwischen Hörsaal und Himmelreich

Münster als Lebensraum Joseph Ratzingers

Als Professor Ratzinger im April 1963 seine Lehrtätigkeit in Münster aufnahm, kam er in eine Stadt von rund 190 000 Einwohnern, die nach den Verwüstungen des Zweiten Weltkrieges rundum erneuert und erweitert worden war.[13] Der verheerende Luftangriff vom 25. März 1945 hatte zwei Drittel der Häuser und Wohnungen in der Innenstadt dem Erdboden gleichgemacht. Auch Dom und Rathaus waren schwer beschädigt. Unter großen Entbehrungen und mit unermüdlichem Fleiß hatten die Münsteraner der Stadt ihren einstigen Glanz zurückgegeben. Gesellschaftlich dominierte noch das Bewahrende, Wertorientierte, Konservative der Adenauer-Ära. Es herrschte ein grundsätzlicher Einklang von politischem und kirchlichem Leben. So nahmen etwa am sonntäglichen Hochamt und an öffentlichen Prozessionen Rat und Verwaltung der Stadt geschlossen teil. Der Kirchenbesuch im Bistum lag bis Mitte der Sechzigerjahre bei 50 Prozent.

Dementsprechend vielfältig war auch das kirchliche Bildungsangebot für die vielen Studenten, die nach Münster strömten. Eine der ersten dort belegbaren Aktivitäten Ratzingers ist ein Kurs für Theologiestudenten im April 1963 zum Thema »Die Kirche und das Heil der Welt«, mit dem er die jungen Menschen auf die Mitfeier des Osterfestes einstimmte und sich so über die rein wissenschaftliche Ausbildung hinaus auch um die geistliche Formung seiner Hörer bemühte.

In der Annette-Allee

Den April 1963 über wohnt der neue Dogmatik-Professor zur Untermiete in der Hittorfstraße 23, worauf heute eine steinerne Gedenktafel an der Hauswand verweist. Am 2. Mai 1963 zieht er gemeinsam mit seiner Schwester in eine großzügige Wohnung in der

Münster, Annette-Allee 18.

Annette-von-Droste-Hülshoff-Allee 18 (heute Annette-Allee 18).[14] Sie liegt zu ebener Erde innerhalb eines größeren Gebäudekomplexes, der damals wie heute Familie Mehring gehört.[15] Die dichten Bäume dämpfen das Licht, sodass der Weg zur Haustür in einem verwunschenen Halbdunkel liegt. Hinter dem Haus öffnet sich ein weitläufiger Garten, in dem Ratzinger manches Mal mit seinen Studenten zusammensitzt.

In einem Brief an seinen Freund Paul Hacker vom 20. Juni 1963 betrachtet er es als glückliche Fügung, gerade diese Wohnung gefunden zu haben: in ruhiger, grüner Lage und doch nahe an den universitären und kirchlichen Einrichtungen. Wenn sich Professor Ratzinger am Morgen auf seinen Drahtesel schwingt und in den Strom der Radfahrer einreiht, ist der schmächtige Mann mit der Baskenmütze kaum von den Studenten zu unterscheiden.

Überhaupt: die Annette-Allee! Georg Ratzinger (*1924), vielfach ausgezeichneter Leiter der Regensburger Domspatzen, schmunzelt, wenn er an seine Besuche in Münster denkt: »Die Wohnung meines Bruders lag im geometrischen Zentrum zwischen einer Geburtsklinik, dem Friedhof und einem Gasthaus mit dem Namen: ›Zum Himmelreich‹.«[16]

Die private Geburtsklinik (Annette-von-Droste-Hülshoff-Allee 26) gehörte dem Ärzte-Ehepaar Dr. Wesener-Roth und ist mittlerweile abgebrochen. Häufig ging Joseph Ratzinger, begleitet von einem seiner Studenten, frühmorgens die Straße hinunter und feierte um 6.30 Uhr in der Hauskapelle der Klinik mit einer kleinen Gemeinschaft von Ordensschwestern und Patientinnen die Heilige Messe. Der Städtische Friedhof erstreckt sich noch heute an der Annette-Allee und trägt dazu bei, dass es in der langen, belebten Straße immer etwas besonnener zugeht als anderswo. Im Gasthaus mit dem sprechenden Namen »Zum Himmelreich« hat Ratzinger regelmäßig den Semesterabschluss mit seinen Studenten begangen und auch manch heiteren Abend mit Besuchern verbracht.

Familienbande

Georg Ratzinger hat seinen Bruder und seine Schwester mehrfach in der westfälischen Metropole besucht und erinnert sich an eine »saubere, gepflegte Stadt«.

»Der Dom hat mir sehr imponiert, auch die Überwasserkirche und diese Marktkirche

Mit Maria Ratzinger in Münster, Februar 1964.

(St. Lamberti). Ich bin meistens allein herumgegangen, weil mein Bruder ja viel beschäftigt war. Die Zeit in Münster habe ich auch dazu genutzt, mich fortzubilden: ich besuchte Vorlesungen bei einem Musikwissenschaftler namens Reuter, aber auch in der Theologie, bei Pieper, Metz und Kötting – und natürlich bei meinem Bruder!«

Maria Ratzinger (1921-1991) steht in der öffentlichen Wahrnehmung immer etwas im Schatten ihrer beiden bekannten Brüder. Sie selbst hatte wohl selten das Gefühl, zu kurz zu kommen, weil sie sich ganz ungestört ihrer kleinen Familie widmen konnte und sich deren Wertschätzung sicher war. Auf die lebensgeschichtliche Bedeutung Maria Ratzingers für die Entwicklung ihres Bruders Joseph hat Peter Seewald in seiner facettenreichen Biografie zu Recht hingewiesen. Mit ihrer zurückhaltenden Art und ihrem altmodischen Kleidungsstil passte sie so gar nicht in die elitären Professorenzirkel der Stadt. »Unmöglich, neben dieser Schwester abzuheben in die Gefilde des Stolzes und des Hochmutes. Ein Blick genügte, und man war wieder der, der man zu sein hat.«[17]

Schließlich war Maria einfach das tägliche »Gegenüber eines Menschen«[18], der in seiner stillen Treue vieles auffing und ausglich, was aus der Welt der Universität und der Kirchenpolitik auf ihren Bruder eindrang und ihn belastete. Sie erledigte für ihn private Schreibarbeiten, bewirtete seine Gäste, pflegte den Kontakt mit den Nachbarn, schuf jenes ruhige, behagliche Heim, in dem Joseph Ratzinger ungestört seine bahnbrechenden Bücher und Vorträge ausarbeiten konnte. Peter Seewald resümiert: »Es ist zu vermuten, dass gerade« diese Frau, »die am liebsten Schürzen trug, am Ende die Theologie, die Haltung und die Persönlichkeit des aufstrebenden Professors mehr geprägt hat als jeder andere Mensch.«[19]

Die Höhepunkte der Münster-Jahre waren für Maria Ratzinger jene Zeiten, in denen sie nach Hause fahren konnte und ihre geliebte Heimat wiedersah. Vor diesem Hintergrund ist ihr etwas provokantes Wort zu verstehen: »Der schönste Ort in Münster ist der Bahnhof!«[20] Nicht dass sich Maria in Münster nicht wohlgefühlt hätte. Aber die Heimat wurde ihr umso kostbarer, je weiter sie von ihr und damit von den vertrauten Menschen, von ihrem Gemüt und vom Klang ihrer Stimmen entfernt war.

In den ersten Semesterferien im Sommer 1963 begleitete auch Joseph Ratzinger seine Schwester auf der langen Zugfahrt von

Mit Studentinnen am Schloss Nordkirchen, März 1964.

Münster ins oberbayerische Traunstein. Dort allerdings kam eine einschneidende Veränderung auf die kleine Familie zu: Die Mutter, die ebenfalls Maria Ratzinger hieß, war an Magenkrebs erkrankt, ihr Zustand verschlechterte sich zusehends. Am 16. Dezember 1963 starb sie im Beisein ihrer Kinder. Kurz darauf erhielt Georg Ratzinger zum 1. Februar 1964 den Ruf als Domkapellmeister und Leiter der Domspatzen in Regensburg. In seinen Erinnerungen schreibt der Kardinal:

> »So war die Traunsteiner Idylle ein für allemal abgeschlossen, und Regensburg, die alte Reichsstadt an der Donau, die bisher eher am Rand unseres Lebenskreises gelegen war, wurde nun für uns zum gemeinsamen Bezugspunkt; dort trafen wir uns in den Ferien, und immer mehr durften wir uns dort zu Hause fühlen.«[21]

Eine bayerische »WG«

In gewisser Weise war das Flair des bayerisch-österreichischen Grenzgebietes, aus dem die Ratzingers stammten, mit ihnen nach Westfalen gezogen. In der Annette-Allee gab es eine richtige süddeutsche Wohngemeinschaft. Ratzingers studentische Hilfskraft, der gebürtige Berchtesgadener Vinzenz Pfnür (1937-2012, später Professor für Didaktik der Kirchengeschichte in Münster), bewohnte die ganze Zeit über ein Zimmer im ersten Stock, teilweise war auch sein Kollege, der österreichische Theologe Roman Angulanza (*1935, später Leiter der Katholischen Erwachsenenbildung in Salzburg), im Haus. Während ihrer Freisemester wohnten dort Priesteramtskandidaten aus Ratzingers Heimatdiözese München und Freising, so etwa Helmut Brandner aus Laufen (*1939, später in der Pressestelle des Erzbistums) und Lorenz Mösenlechner aus Teisendorf (*1940, später Missionar in Südamerika und China). Auch andere Studenten aus Bayern fanden dort Zugang. Alois Baumgartner (*1941), heute emeritierter Professor für Sozialethik in München, erinnert sich an die gesellige Seite seines damaligen Lehrers:

> »Mein Freund Wolfgang Schwab und ich waren während unserer Freisemester 1963/64 zweimal am Sonntag bei Ratzinger zum Mittagessen eingeladen. Wir wurden etwas früher bestellt, etwa um 11 Uhr, und nach der Begrüßung und ein paar Fragen zu unserem Studium hörten wir gemeinsam die Bach-Kantate zum entspre-

Burg Vischering, Lüdinghausen, März 1964.

> chenden Sonntag. Danach servierte uns Maria Ratzinger das Mittagessen, nichts Ausgefallenes, so wie Ratzinger überhaupt einen schlichten, einfachen, gediegenen Lebensstil pflegte. Im Mühlenhof gab es auch manchmal einen bayerischen Abend, da kamen alle Freijahresstudenten zusammen, einer aus Augsburg und einer aus Eichstätt, wir beiden aus München, Vinzenz Pfnür, auch Professor Metz. Ich habe schon damals gemerkt, wie sehr Ratzinger an Bayern hing. Mir war klar, dass er nicht ewig in Münster bleiben würde, auch wenn es ihm dort sonst gut gefiel.«[22]

Professor Ratzinger genoss es, sich nach einem langen anstrengenden Arbeitstag mit den jungen Leuten im Haus zusammenzusetzen. Ganz entspannt erzählte er gerade Erlebtes mit hintergründigem Humor und treffsicheren Pointen. Gelegentlich hörte man gemeinsam Schallplatten der bayerischen Komödianten Weiß Ferdl und Karl Valentin, oder Ratzinger spielte selbst am Klavier etwas von Bach oder Mozart.

Wenn es die Zeit erlaubte, nahmen die Studenten ihren Lehrer auch zu Ausflügen ins Münsterland mit. Dann besuchten sie die Wasserburg Vischering in Lüdinghausen oder das Schloss in Nordkirchen, die Wallfahrtskirche in Telgte oder das Venner Moor und erlebten den von vielen aus der Ferne bewunderten Gelehrten als einen zugänglichen, vielseitig interessierten und aufmerksamen Gesprächspartner.

Domplatz-Hörsaal-Himmelreich

Während der sieben Semester, die Joseph Ratzinger in Münster lehrte, lag sein Lebensschwerpunkt naturgemäß in dem Gebiet zwischen Domplatz und Aasee, zwischen Hörsaal und Himmelreich. Beide Orte zusammen stehen für die positive Spannung zwischen Arbeit und Erholung, Öffentlichkeit und Privatleben, in der sich sein Denken produktiv entfalten konnte. Hinzu kam ein dritter Ort, der ganz im Verborgenen lag und doch dem äußeren Leben die entscheidende Tiefe und Reichweite gab. Während die Studenten nach den Vorlesungen noch lange zusammenstanden und über das Gehörte diskutierten, verschwand Professor Ratzinger immer recht schnell. Häufig nahm er den Weg über den Domplatz, an St. Lamberti und der barocken Schauseite des Erbdrostenhofs vorbei. Dahinter liegt die uralte Kirche St. Servatii, in der

Mit Vinzenz Pfnür (2.v.l.) und Roman Angulanza (re.) bei einer privaten Feier in Münster, Juli 1963.

tagsüber das Allerheiligste ausgesetzt ist. Still kniete der Professor, der gerade noch als gefeierter Redner im Hörsaal gestanden hatte, nieder, er wurde klein und verweilte im Halbdunkel des Kirchenschiffs vor dem, der sein Licht war. Die Anbetung ist seine geheime Kraftquelle, schon in jungen Jahren und sein Leben lang. Ohne das Gebet lässt sich weder Ratzingers Persönlichkeit noch seine Theologie verstehen.

In der Nähe der Katholisch-Theologischen Fakultät liegen die Ausbildungsstätten der Diözese Münster, das Collegium Borromaeum und das Priesterseminar (heute Liudger-Haus). Besonders gespannt waren die Seminaristen, wenn zum Sonntagsgottesdienst, bei dem sich die Professoren der Fakultät als Zelebranten abwechselten, Joseph Ratzinger ins Haus kam und predigte. Ein damaliger Seminarist erinnert sich:

> »Eigentlich waren alle im Borromaeum von Ratzinger begeistert. Beim Predigen wirkte er noch verinnerlichter als in der Vorlesung. Der Rahmen war ja die heilige Handlung, in die seine Worte hineinfielen. Durch ihn schien der Andere durch, er war wie ein Nadelöhr, durch das sich Gott in die Geschichte der Menschen einfädelte.«[23]

Auch Spiritual Johannes Bours (1913-1988) schätzte den jungen Professor, besuchte seine Vorlesungen und wies die Studenten auf seine Bücher hin. Auf Wunsch der Seminaristen lud er ihn noch nach seinem Weggang aus Münster zu Einkehrtagen ein. Ratzinger kam tatsächlich. Das eine Mal reiste er von Tübingen an und hielt vom 27. bis zum 29. April 1967 den Studenten des späteren Weihejahrgangs 1969 fünf geistliche Vorträge zur Spiritualität des priesterlichen Dienstes im Gertrudenstift Bentlage bei Rheine. Das andere Mal kam er schon aus Regensburg und sprach vor den Kaplänen des Weihejahrgangs 1966 zwischen dem 7. und dem 9. September 1970 im Priesterseminar in Münster über das Gebet.[24]

Die Annette-Allee, in der Ratzinger wohnte, liegt am westlichen Ende des Pfarrgebietes von St. Antonius (heute Pfarrei St. Joseph). Auch in der Antonius-Kirche feierte er die Heilige Messe. Wenn ihn sein Bruder Georg besuchte, zelebrierte dieser jeden Morgen dort, wie es die Kirchenbücher der Pfarrei für den Zeitraum vom 15. bis 27. Juli 1963 und 16. Juli bis 2. August 1964 vermerken.

Eine unerfüllte Liebe

Die dreieinhalb Jahre in Münster waren für Joseph Ratzinger ein abwechslungsreicher, vom Wohlwollen seiner Umgebung getragener Lebensabschnitt. Kein Wunder, dass er »begann, diese schöne und noble Stadt immer mehr zu lieben«.[25]

Angesichts der Kürze der Zeit kann man von einer »unerfüllten Liebe« zu Münster sprechen, die nicht voll zur Reife kam. Dass sich ihr Professor in Münster sehr wohl fühlte, merkten auch seine Mitarbeiter und Studenten. Für sie ist die Zeit an der Seite Joseph Ratzingers etwas ganz Besonderes und Kostbares geblieben.

Aasee, im Hintergrund die Türme der St.-Antonius-Kirche.

Annette-Allee.

3. »Das war eine glänzende Zeit«

Die Arbeit am Lehrstuhl für Dogmatik und Dogmengeschichte

Die Katholisch-Theologische Fakultät in Münster ist ein Kind der Aufklärung. Auf Initiative des reformfreudigen Ministers und Generalvikars Franz Freiherr von Fürstenberg (1729-1810), dessen verwittertes Standbild noch heute am Domplatz über die Geschicke der Studierenden wacht, wurde im Jahr 1773 die bisherige Ausbildung der künftigen Priester an eine staatliche Fakultät verlagert, um ihnen den Austausch mit den modernen Wissenschaften zu ermöglichen.

Nach Gründung der Universität Bonn wurde die Universität Münster 1818 zunächst wieder aufgelöst, die Theologenausbildung blieb in Form einer Akademie bestehen. Im Jahr 1902 erfolgte dann die Neugründung der Bildungsanstalt, die seit 1907 den Namen »Westfälische Wilhelms-Universität« trägt.[26]

Das neue Fakultätshaus

In den Aufbaujahren nach den Verheerungen des Zweiten Weltkriegs hatte sich die Katholisch-Theologische Fakultät äußerlich wie innerlich, fachlich wie personell von Grund auf erneuert. Die Vorlesungen fanden in den Fünfzigerjahren in den Schloss-Hörsälen oder im Fürstenberghaus statt, während Büros und Verwaltung noch recht beengt in verschiedenen Räumlichkeiten an der Johannisstraße lagen.[27] Wegen des knappen Raumes zwischen Domplatz und Aa zogen sich die Planungen eines neuen Fakultätsgebäudes lange hin, doch am 30. Oktober 1958 konnte Bischof Keller den Grundstein legen.

Das »Richtfest des neuen Gebäudes« am 26. November 1959 hat der nachmals bekannte Theologe und Kirchenkritiker Hans Küng (*1928) mitgefeiert[28]; er arbeitete damals gerade als Assistent von Professor Volk in Münster

Gebäude der Katholisch-Theologischen Fakultät der Wilhelms-Universität Münster an der Aa.

Antrittsvorlesung in Münster, 28. Juni 1963.

und sollte für Joseph Ratzinger in den kommenden Jahren noch eine wichtige Rolle spielen.

Am 17. Mai 1961 wurde das Fakultätshaus eingeweiht und seiner Bestimmung übergeben. Das Gebäude bot nun auf vier Ebenen genügend Platz für die Büros der Ordinarien, die einzelnen Seminarbibliotheken und einige Übungsräume, wie sie bis heute bestehen. Eine breite Außentreppe führte hinauf zum Haupteingang, deren Windfang eine Glaswand von Ewald Mataré zierte. Die Einrichtung war ganz im Stil der Sechzigerjahre gehalten, elegant und nüchtern, von einer tadellosen Bürgerlichkeit.

Berühmte Theologen

Im Jahr 1962 waren im Fakultätshaus in der Johannisstraße 8-10 dreizehn Fachabteilungen untergebracht. Besonders gut ausgestattet waren das Institut für Christliche Sozialwissenschaft (Prof. Joseph Höffner bis 1962, Prof. Wilhelm Weber ab 1964) und das für Missionswissenschaft (Prof. Thomas Ohm bis 1961, Prof. Josef Glazik ab 1961). Aus einem zunächst mit der Dogmatik verbundenen Institut für ökumenische Theologie (Prof. Hermann Volk 1960-1962) wurden 1964 zwei eigene Lehrstühle für ökumenische Theologie geschaffen, je einer für reformatorische (Prof. Erwin Iserloh) und für ostkirchliche Theologie (Prof. Johannes Remmers). Eduard Hegel hebt diese Neuerung in seiner Fakultätsgeschichte hervor: »Wie der frühere Ausbau der Fakultät mit Forschungslehrstühlen war auch diese Erweiterung die erste ihrer Art in einer katholisch-theologischen Fakultät Deutschlands und legte damit Zeugnis ab von der Aufgeschlossenheit und dem Weitblick der münsterischen Theologie.«[29]

Das außerordentlich breite Spektrum der theologischen Spezialisierung, verbunden mit den Impulsen des laufenden Konzils und der Bekanntheit einiger Münsteraner Professoren wie Hermann Volk (1946-1962), Joseph Ratzinger, Johann Baptist Metz (ab 1963) oder Walter Kasper (ab 1964), zog begabte Studierende in Scharen an. Im Wintersemester 1963/64 waren an der Universität Münster 13.751 Studenten eingeschrieben, 3523 davon waren weiblich. In der Katholischen Theologie waren 343 Priesteramtskandidaten und 321 Laientheologen gemeldet, 113 von diesen weiblich. Bis 1966 stiegen die Zahlen noch weiter an.[30]

Die rege Bewegung in der Hörerschaft spiegelt sich auch im Bereich der Lehrenden wider.

Joseph Ratzingers Berufung nach Münster im April 1963 war nur eine von insgesamt neun Neubesetzungen im katholisch-theologischen Fachbereich zwischen 1961 und 1964. Etwa im selben Zeitraum traten sechs Privatdozenten in den Lehrkörper der Fakultät ein. Dass von den in der ersten Hälfte der Sechzigerjahre in Münster tätigen Theologie-Professoren später vier Bischöfe und Kardinäle wurden (Höffner, Volk, Ratzinger, Kasper), einer davon sogar Papst, zeigt, welche menschlichen, intellektuellen und geistlichen Qualitäten sich dort in dieser Zeit bündelten.

Übernahme des Lehrstuhls

Der Lehrstuhl für Dogmatik und Dogmengeschichte, den Ratzinger in Münster übernahm, war erst zum 1. Januar 1963 durch Beschluss der Katholisch-Theologischen Fakultät errichtet worden. Sein eigentlicher Vorgänger im Bereich Dogmengeschichte hieß demnach nicht Hermann Volk, sondern Heinrich Kühle (1895-1966). Kühle, ein Priester des Bistums Hildesheim, lehrte zwischen Oktober 1954 und April 1960 als außerordentlicher Professor für Mittelalterliche Theologie in Münster. Vor dem Zweiten Weltkrieg hatte er in Braunsberg/Ostpreußen unterrichtet, war aber als Kriegspfarrer in russische Gefangenschaft geraten und acht Jahre lang im Straflager interniert. Nach seiner Rückkehr bot ihm seine Heimatuniversität Münster eine außerordentliche Professur an, die nach seiner Emeritierung in eine dauerhafte zweite Dogmatik-Professur mit dem Schwerpunkt Dogmengeschichte umgewandelt wurde.[31] Durch seine Arbeiten zu Augustinus und Bonaventura war Joseph Ratzinger wie geschaffen für den fachlichen Zuschnitt dieses Lehrstuhls. Beim Requiem für Kühle hielt Ratzinger am 2. Mai 1966 in der Heilig-Kreuz-Kirche in Münster »eine bewegende Ansprache, die Leben und Wirken des Verstorbenen in den Rahmen der christlichen Verwirklichung und Vollendung durch Kreuz und Tod zur Auferstehung stellte«.[32]

Ratzingers Antrittsvorlesung fand am Freitag, dem 28. Juni 1963, um 12 Uhr cum tempore im Hörsaal 1 des Fürstenberghauses statt, der bis auf den letzten Platz besetzt war. Dabei trug er, wie damals noch üblich, den dick gefütterten Talar des Ordinarius und das Samtbarett auf dem Kopf. Anschließend lud er die Professoren zum Mittagessen ins Hotel Kaiserhof in der Bahnhofstraße ein.

In seiner Vorlesung zeigte Ratzinger dem Publikum, dass er nicht nur ein guter Dogmenhistoriker war, sondern auch die Fragen der Gegenwart ernst nahm.[33] Das Thema klingt relativ trocken: »Offenbarung und Überlieferung. Versuch einer Analyse des Traditionsbegriffs«. Inhaltlich versuchte der 36-jährige Theologe nichts weniger, als Reformation und Gegenreformation, Dogmatik und Bibelwissenschaften von ihrer gemeinsamen Fragestellung nach der Weitergabe des christlichen Glaubens her zu deuten, einander anzunähern und letztlich in einer nächsten Phase des Dialogs zu versöhnen. Am nächsten Tag lobte ein Zeitungsartikel in den »Westfälischen Nachrichten« die Vorlesung wegen der »subtile(n) und tiefgehende(n) Erhellung« des Themas und der »von Objektivität bestimmte(n) Auseinandersetzung mit der reformatorischen Auffassung«.[34]

Zwei Grundanliegen seines ganzen späteren Wirkens sind darin schon greifbar. Das eine: aus der Theologiegeschichte heraus Antworten auf Fragen der Zeit zu geben, die nicht in der Stimmung des Augenblicks aufgehen, sondern weiterführen wollen – ein Wissen, das gleichsam zur Prophetie wird auf das Kommende hin und das dabei alle kurzfristigen Erwartungen überspringt und zuweilen herb enttäuscht. Das andere: theologie- und kirchengeschichtlich gewachsene Frontstellungen überwinden, indem gemeinsame Anliegen erkannt und stark gemacht und auf eine echte Verständigung hin geöffnet werden. Beispiel Ökumene: Ratzinger nennt in seiner Antrittsvorlesung zwar den Namen des Reformators Martin Luther, analysiert die Position der reformatorischen Theologie zu Schrift und Überlieferung aber von den späteren Augsburger Bekenntnisschriften aus, die er schon sehr früh in seinen Seminaren behandelte.[35] Für ihn ist immer das gelebte und gefeierte Bekenntnis einer Glaubensgemeinschaft die Basis des Dialogs, nicht eine auch noch so profilierte, aber dennoch einzelne Theologen-Meinung.

Ratzinger und sein Schülerkreis

Die unkonventionelle geistige Weite des Professors spiegelt auch der Kreis seiner Mitarbeiter und Schüler wider. Joseph Ratzinger gehört, wie Peter Seewald bemerkt hat[36], zu jenen Menschen, die Persönliches nur im kleinen Kreis preisgeben und auch in Äußerungen über ihr Leben und Denken diskret und zurückhaltend bleiben. Seine Biografie wird deshalb erst in ihren Wirkungen greifbar und verständlich: in seinen Büchern und Predigten, in intellektuellen Freundschaften, die ihn sein Leben lang begleiten, im Kreis seiner Schüler und ihrer Lebensläufe, in den unzähligen Briefen und Karten, die er bis heute in alle Welt verschickt.

Im Folgenden wird des Öfteren vom »Schülerkreis« die Rede sein. Joseph Ratzingers Biografie in Hinblick auf die Geschichte und Entwicklung seines Schülerkreises und die dort behandelten Themen zu untersuchen, wäre eine spannende Aufgabe. Der Schülerkreis geht auf die Doktorandenkolloquien zurück, die Ratzinger an jeder Universität, an der er unterrichtete, hielt, in Münster ebenso wie zuvor in Bonn und nachher in Tübingen und Regensburg. Der Kreis wuchs immer mehr an, in Münster gab es etwa ein Dutzend regelmäßige Teilnehmer, in Tübingen waren es 20, in Regensburg teilweise über 30 Studenten. Als Professor Ratzinger 1977 Bischof wurde, gingen seine »Schüler«, von denen die meisten mittlerweile selbst schon Professoren, Lehrer oder Pfarrer geworden waren, zu einem jährlichen Treffen mit ihm über, das sich auch über seine Jahre als Präfekt der Glaubenskongregation (1982-2005) und in die Amtszeit des Papstes (ab 2005) bis heute durchgehalten hat.[37]

In seinem Gespräch mit Peter Seewald, das unter dem Titel »Salz der Erde« eine große Leserschaft fand, weist der Kardinal im Jahr 1996 selbst auf die Bedeutung des Doktorandenkreises hin:

> »Das ist für mich überhaupt eine sehr wichtige, auch menschliche Erfahrung geworden, daß ich die Doktoranden nicht einzeln betreut habe, sondern daß wir jede Woche etwa zwei Stunden miteinander gearbeitet haben und jeder der Reihe nach seine Erkenntnisse vortrug und zur Debatte stellte. Ich glaube, dabei haben alle gewonnen.«[38]

Sein späterer Assistent Pater Stephan Otto Horn (*1934) erinnert sich an den Diskussionsstil in Ratzingers Doktorandenkreis:

> »Ratzinger führte das Rundgespräch ziemlich locker und ließ zuerst uns zu Wort kommen, bevor er dann selbst ein Element des Gesprächs aufgriff und seine eigenen Überlegungen einfügte. Er konnte das Gespräch auf den Punkt bringen und zugleich aus seiner ganz außerordentlichen Kenntnis der Glaubens- und Theologiegeschichte heraus die Sache weiterführen. Ich konnte bald erleben, dass er das, was ich – etwa als Referent – zu sagen hatte, besser und

Vinzenz Pfnür († 2012).

Werner Hülsbusch.

P. Viktor Hahn.

Hansjürgen Verweyen.

klarer in Worte fassen konnte, als es mir selbst möglich war.«[39]

Die Doktoranden erlebten in Joseph Ratzinger einen Menschen von außergewöhnlicher Großzügigkeit und geistiger Souveränität, der ihnen keine vorgefertigten Themen aufgab, sondern sie in ihrem eigenen geistigen Ringen bestärkte und fast unmerklich führte. In »Salz der Erde« gibt der Kardinal einen Einblick in die tiefere Absicht seiner theologischen Arbeit:

»Ich habe nie versucht, ein eigenes System, eine Sondertheologie zu schaffen. Spezifisch ist, … daß ich einfach mit dem Glauben der Kirche mitdenken will, und das heißt vor allem mitdenken mit den großen Denkern des Glaubens. Das ist keine isolierte, aus mir selbst herausgezogene Theologie, sondern eine, die möglichst breit sich öffnet in den gemeinsamen Denkweg des Glaubens hinein.«[40]

Da spricht ein Lehrender, der selbst immer ein Lernender geblieben ist, der seine Schüler nie belehren wollte, sondern einen echten Austausch mit ihnen suchte, in gegenseitigem Geben und Empfangen, in menschlicher Zuwendung und geistlicher Gemeinschaft. So bildet das universitäre Umfeld Ratzingers in Münster ein lebens- wie theologiegeschichtlich bedeutsames Kapitel seiner Biografie. Neben den Mitarbeitern am Lehrstuhl kommen im Folgenden auch einige Doktoranden und andere Schüler in kurzen biografischen Porträts zu Wort.

Die Mitarbeiter am Lehrstuhl

Werner Böckenförde (1928-2003)

Wie seine beiden jüngeren Brüder Ernst-Wolfgang und Christoph hatte auch Werner Böckenförde zunächst Rechtswissenschaften in Münster studiert und mit der juristischen Promotion abgeschlossen. Parallel dazu studierte er Theologie und wurde 1957 für das Erzbistum Paderborn zum Priester geweiht. Nach vier Jahren in der Seelsorge begann er im Juni 1961 eine Promotion bei Professor Ratzinger in Bonn, für den er bald wichtige administrative Aufgaben übernahm, zunächst als studentische Hilfskraft, ab Januar 1963 dann als Wissenschaftlicher Assistent. In dieser Funktion wechselte Böckenförde gemeinsam mit Ratzinger im April 1963 nach Münster und hielt während der langen konzilsbedingten Abwesenheiten des Professors den Lehrstuhl-Betrieb aufrecht.[41] Damalige Studenten beschreiben Böckenförde als einen sehr kommunikativen, tatkräftigen, zuweilen auch streitlustigen Menschen, der den vergeistigten Professor in alltäglichen Dingen sehr unterstützte. Werner Bröker etwa erinnert sich:

> »Böckenförde war für Ratzinger der ideale Geheimsekretär, der ihm den Rücken freigehalten und viele Anfragen von ihm fern gehalten hat. Als Ratzinger zu den Berufungsverhandlungen in Münster war, hat Böckenförde zum Beispiel für seine Schwester Maria sofort eine Stadtführung organisiert.«

Auch aus Ratzingers Briefwechsel mit Paul Hacker geht hervor, dass er sich in praktischen Dingen ganz auf seinen Assistenten verlassen konnte. Dass Böckenfördes Machtstellung über die Jahre hin zunahm und gelegentlich Konflikte heraufbeschwor, verwundert nicht. Dennoch beruht Ratzingers Trennung von seinem Assistenten mit dem Weggang nach Tübingen im Juli 1966 nicht, wie Gianni Valente es andeutet[42], auf internen Konflikten, sondern auf der bereits im Herbst 1965 ergangenen Anweisung von Erzbischof Lorenz Kardinal Jaeger (1892-1975) an Böckenförde, seine Promotion umgehend zu beenden und dann nach Paderborn zurückzukehren.

Dieser blieb allerdings noch bis März 1969 in Münster, arbeitete als Assistent an verschiedenen Lehrstühlen, schloss seine theologische Dissertation im Februar 1969 bei Keßler und Ratzinger glücklich ab und wechselte danach ins Bistum Limburg, wo er als persönlicher Referent des Bischofs und Domkapitular einigen Einfluss auf die nachkonziliare Reform der pastoralen Gremien nahm. Böckenförde kam regelmäßig zu den Treffen von Ratzingers Schülerkreis und war dort als Fachmann für kirchenrechtliche Fragen zuständig. Nach längerer Krankheit starb Werner Böckenförde am 26. November 2003 im Kreis seiner Familie in Freiburg.

Leo Langemeyer (*1931)

Als zweiter Assistent neben Böckenförde arbeitete der Münsteraner Diözesanpriester Leo Langemeyer von Oktober 1963 an am Lehrstuhl. Da er sein Promotionsthema aus dem Bereich der ökumenischen Theologie schon 1961 von Hermann Volk übernommen hatte und die Arbeit erst lange nach dem Weggang Ratzingers 1969 abschloss, ergaben sich zwischen den beiden nicht allzu viele Berührungspunkte.[43] Langemeyer erinnert sich heute:

»Meine Aufgabe am Lehrstuhl war es, Examensarbeiten zu korrigieren und für Ratzinger die Bücher von holländischen Theologen wie Schillebeeckx und Schoonenberg zu lesen, die noch nicht auf deutsch erschienen waren. Ansonsten habe ich natürlich seine Vorlesungen besucht. Besonders seine Eucharistie-Theologie hat mich fasziniert: Die Verwandlung der Gewalt und des Opfers in einen Akt der Hingabe und der Liebe – ein Thema, das er übrigens auch als Papst beim Weltjugendtag 2005 in Köln wieder aufgegriffen hat.«

An der Katholisch-Theologischen Fakultät Paderborn bekleidete Langemeyer viele Jahre die Professur für Theologische Propädeutik und Philosophiegeschichte und war als akademischer Lehrer sehr angesehen. Seit seiner Emeritierung lebt Langemeyer in Warendorf.

Ursula Closset (*1945)

Ursula Berger (später verheiratete Closset) ist in Münster-Hiltrup aufgewachsen. Im Frühjahr 1963 schloss sie die Höhere Handelsschule ab und machte sich auf die Suche nach einem Arbeitsplatz. Zufällig wies man sie auf die ausgeschriebene Halbtagsstelle einer Sekretärin am Lehrstuhl für Dogmatik und Dogmengeschichte hin.

»Unter den Bewerberinnen war ich mit gerade 18 Jahren mit Abstand die jüngste«, erinnert sich Frau Closset. »Warum Ratzinger gerade mich genommen hat, weiß ich nicht genau. Wir haben uns von unserem Wesen her irgendwie verstanden, es bedurfte nicht vieler Worte dazu.«

Die drei Jahre vergingen sehr schnell. Die beiden sahen sich ausschließlich in den Büroräumen der Fakultät in der Johannisstraße, und da gab es viel zu tun, besonders, wenn Professor Ratzinger nach langen Abwesenheiten wieder aus Rom zurückkam und viele Briefe zu diktieren hatte.

»Wir haben kaum über Persönliches gesprochen, und doch hatte ich immer das Gefühl, dass er wusste, wie es mir ging – er konnte einem bis in die Seele schauen. Obwohl ich jung und unerfahren war, hat er nie von oben herab zu mir gesprochen, sondern immer auf Augenhöhe. Er hatte eine ganz natürliche Autorität, die von der Anerkennung des anderen lebte. Der andere war ihm wichtig, egal, welchen Status er hatte. Er hat Begegnung immer zugelassen und sein Gegenüber oft angelächelt. Dieses Lächeln war für mich wie ein Geschenk, das von seiner Seele kam. Heute denke ich: Seine größte Fähigkeit ist die Balance von Zurückgezogenheit und In-der-Welt-Sein. An der Fakultät habe ich ihn eher als zurückhaltend erlebt – aber wenn er überall mitgemacht hätte, wäre er seinen vielen anderen Aufgaben nicht gerecht geworden.«

Den Weg ihres früheren Chefs hat Ursula Closset, die nach 1966 an der Pädagogischen Hochschule in Münster und am Hegel-Archiv in Bochum arbeitete, stets mit verfolgt, einige Briefe mit ihm ausgetauscht und ihn noch zweimal wieder gesehen, 1997 während einer Rom-Reise in der Glaubenskongregation und im Jahr darauf beim Symposium für Johann Baptist Metz in Ahaus.

Vinzenz Pfnür (1937-2012)

Einer der frühesten und treuesten Schüler Joseph Ratzingers war der münsteraner Kirchenhistoriker und Ökumeniker Vinzenz Pfnür. In mühevoller Kleinarbeit stellte er in den Jahren nach seiner Emeritierung das Publikationsverzeichnis seines großen Lehrers zusammen, stöberte dafür auch noch die entlegensten Zeitschriften und Übersetzungen auf und konnte das fast fünfhundertseitige Werk im Sommer 2009 stolz einem nicht minder stolzen Papst Benedikt XVI. überreichen.[44]

Kennen gelernt haben sich die beiden in ihrer oberbayerischen Heimat, im Jahr 1958 im Priesterseminar zu Freising.

»Meine erste Lehrveranstaltung bei Professor Ratzinger war ein Seminar über die Bekenntnisschriften der Augsburger Konfession. Das Thema hat mich dann nicht mehr losgelassen. In Bonn habe ich 1962 darüber meine Diplomarbeit geschrieben und 1970 in Münster promoviert, immer in Zusammenarbeit mit Ratzinger.[45] Schon in Bonn wurden seine Vorlesungen von vielen evangelischen Theologiestudenten besucht. Ich selber leitete in Bonn und dann auch in Münster einen ökumenischen Arbeitskreis, den man damals noch ›kontroversthеologisch‹ nannte. Das gemeinsame Lesen in der Heiligen Schrift und das Gebet haben uns zueinander geführt.«

Von 1963 bis 1966 wohnte er im Haus seines Lehrers in der Annette-Allee, ministrierte bei ihm in der Frühmesse, besprach mit ihm in seinem Arbeitszimmer die Lehrveranstaltungen, erlebte die lockeren Runden im Garten nach dem Doktorandenkolloquium. Seine wichtigste Aufgabe aber war die Erstellung der Vorlesungs-Mitschriften.

»In der Vorlesung haben Roman Angulanza und ich mitstenografiert. Getippt wurden die Skripten dann von der Sekretärin am Lehrstuhl und noch einer anderen Frau. An der Fakultät hatten wir im Keller einen Raum mit dem Kopiergerät. Am Semesterende war es immer ganz lustig, wenn da an die zehn Studenten und Studentinnen zusammenkamen und halfen, die Kopien, oft 200 Seiten, richtig zusammenzulegen.«

An Professor Ratzinger bewunderte er schon damals die eiserne Disziplin und völlige Konzentration, mit der er seine Texte ausarbeitete. Als er im Sommer 1966 Münster verließ, half Pfnür beim Bücherpacken.

»Zuerst wollte ich mit nach Tübingen gehen, aber dann hielten mich familiäre Gründe in Münster zurück – ich hatte meine spätere Frau kennen gelernt.«

Vinzenz Pfnür wechselte in die Kirchengeschichte und wurde Mitarbeiter von Professor Erwin Iserloh (1915-1996). Jahrzehntelang hat er künftige Religionslehrer und Historiker ausgebildet und sich in der Ökumene engagiert. 1999 durfte er in der Verabschiedung der Gemeinsamen Erklärung zur Rechtfertigungslehre in Augsburg auch einen Erfolg seiner eigenen Bemühungen sehen. Im Schülerkreis Joseph Ratzingers war er über Jahrzehnte einer der Aktivsten, hat mehrere Festschriften und Textsammlungen für seinen Lehrer betreut und seine Arbeit schließlich mit dem Gesamtverzeichnis gekrönt. Am 1. August 2012 ist Vinzenz Pfnür kurz nach seinem 75. Geburtstag in Münster an den Folgen einer schweren Herzerkrankung gestorben.

Doktorandenkreis in Münster

Werner Bröker (*1929)

»Das war eine glänzende Zeit: Ratzinger kam, sah und siegte!« Werner Bröker wird ganz lebendig, wenn er an seine Zeit als Doktorand in Münster zurückdenkt.

Es war ein Hinweis von Bischof Michael Keller, der ihn 1957 zu den Naturwissenschaften brachte: »Studieren Sie entweder Natur- oder Sozialwissenschaften, das sind die Bereiche, aus denen heute die Fragen kommen«, meinte der Bischof damals vorausschauend. So studierte der Münsteraner Diözesanpriester nach zwei Kaplans-Jahren Biologie und promovierte in diesem Fach. Bereits 1962 wies ihn Kapitularvikar Böggering auf Professor Ratzinger in Bonn hin, der damals gerade in Berufungsverhandlungen mit Münster stand.

> »Ich wollte eine Arbeit über Evolution schreiben. Ich hatte alles von Teilhard de Chardin gelesen, was auf Deutsch erschienen war, wollte aber einen anderen Weg gehen als er.«

Ratzinger besaß die Größe, Bröker an Karl Rahner zu verweisen, da sich dieser in naturwissenschaftlichen Fragen besser auskenne als er. Rahner in Innsbruck akzeptierte Brökers Entwurf, und so konnte dieser in aller Ruhe sein Konzept ausarbeiten.[46]

> »Ratzinger hat die Arbeit höchstens zweimal gesehen, ehe ich sie abgegeben habe. Er hat wenig daran korrigiert, nur manchmal mit seiner kleinen Schrift an den Rand geschrieben: ›Prima!‹«

Ratzingers Vorlesungen in Münster haben Bröker so sehr beeindruckt, dass er darüber Predigtreihen hielt, so über Eucharistie, Schöpfungslehre und die Lehre von den Letzten Dingen (Eschatologie).

> »Diese Gedanken haben die Leute sehr angesprochen, sie wollten meine Texte haben – da merkte ich, dass Theologie nichts Antiquiertes sein muss …«

Auch die Treffen mit den anderen Ratzinger-Schülern im Doktorandenkolloquium, das der Professor jedes Semester in Münster anbot, haben Werner Bröker viel bedeutet:

> »Am spannendsten war es immer, wenn Ratzinger zwischen den Konzilssitzungen sein Notizbuch hervorholte und daraus

> vorlas … In seinem Kolloquium konnte man den Mund aufmachen und laut denken.«

Für das bedeutendste Werk seines Lehrers hält er die »Einführung in das Christentum«, die 1968 erschien und einer der wenigen »Bestseller« auf dem Gebiet der Theologie wurde. Auch hat ihn Ratzinger auf die während des Konzils gegründete theologische Zeitschrift »Concilium« hingewiesen:

> »Ich erinnere mich an ein Gang-Gespräch mit ihm im Theologischen Seminar, bei dem er mich fragte, ob er mich für die Redaktion von ›Concilium‹ vorschlagen dürfe.«

So wurde Werner Bröker für einige Jahre Mitherausgeber jener Zeitschrift, von der es hieß, dass sie Papst Paul VI. von Anfang bis Ende lese und dass man darin schreiben müsse, wenn man den Papst erreichen wolle. Die Redaktionstreffen führten ihn in alle großen europäischen Städte und brachten ihn mit den einflussreichsten Theologen der Nachkonzilszeit zusammen – ein Weg, den ihm sein Doktorvater geöffnet hatte.

Nach Abschluss seiner Promotion im Juli 1966 habilitierte sich Bröker bei Ratzingers Nachfolger auf dem Lehrstuhl für Fundamentaltheologie an der Universität Bonn, dem Physiker und Theologen Heinrich Moritz (Heimo) Dolch (1912-1984), und unterrichtete später als Professor für Systematische Theologie an der PH Westfalen-Lippe, Abteilung Paderborn, und als Dogmatiker an der PH/Universität Osnabrück.

Seit vielen Jahrzehnten ist der kleine Ort Gimbte nördlich von Münster die Heimat von Werner Bröker und seiner Hausfrau, der pensionierten Lehrerin Maria Ostwald (*1920). Beide sind zusammen bei den Schülerkreistreffen gewesen, solange es ging, und lesen bis heute die Bücher und Enzykliken des Papstes. Frau Ostwald, die während des Dritten Reichs einer kleinen christlichen Widerstandsgruppe in Münster angehörte und nach dem Krieg selbst einige theologische Vorlesungen besuchte, erinnert daran, dass Ratzingers große Resonanz nicht nur an seiner Persönlichkeit lag, sondern auch an der Offenheit seiner Hörer:

> »Es war ein großes existenzielles Interesse an theologischen Fragen da, auch schon bei Professor Volk … In Ratzingers Vorle-

> sungen war seine Christus-Nähe immer zu spüren. Man hatte eine Antenne für das, was er sagte … Er hat in den Aufbruch hinein gesprochen. Heute dagegen wird die Gottesfrage zu selten gestellt.«

Werner Hülsbusch (*1929)

Im Wohnzimmer von Werner Hülsbusch in der Julius-Leber-Straße in Münster hängen drei Schwarzweiß-Fotos: Sie zeigen die Professoren Höffner, Volk und Ratzinger im Bischofsornat. Mit diesen Bildern ist zugleich der verschlungene Weg seiner Promotion verbunden:

> »Ich war nach der Priesterweihe 1953 Kaplan in einer Bergarbeitergemeinde, dann Berufsschulpfarrer für alle Bergwerkslehrlinge am Niederrhein und Seelsorger in der Studentengemeinde, da blieb nicht viel Zeit für das Studium. 1961 begann ich dann bei Professor Höffner mit einer Promotion, in der ich den Begriff ›Welt‹ theologisch aufarbeiten sollte. Kurz danach wurde Höffner zum Bischof von Münster ernannt. Deshalb wechselte ich zu Hermann Volk, den ich vom Studium her gut kannte und der nach seiner Bischofsernennung in Mainz noch als Honorarprofessor der Fakultät angehörte. Volk war aber sehr von seiner Mitarbeit auf dem Konzil in Anspruch genommen und bat mich deshalb, zu seinem Nachfolger zu gehen. So kam ich im Juli 1963 in den Doktorandenkreis von Ratzinger und begann mit einer Arbeit zum Welt-Begriff bei Bonaventura. Nach einem Jahr erkannte ich, dass dabei nichts Rechtes herauskommen würde. Mit Ratzinger habe ich ein neues Thema festgelegt, er hat mir einen Vergleich von Bonaventuras Kreuzestheologie mit der reformatorischen Kreuzestheologie empfohlen.«[47]

Als die Arbeit 1968 fertig war, lehrte Ratzinger bereits in Tübingen. Hülsbusch musste zusätzlich zu seinen übrigen Aufgaben als Religionslehrer an einem Münsteraner Gymnasium einspringen, sodass auch die mündlichen Prüfungen unter Zeitdruck stattfanden. Als Pfarrer von St. Martini (1975-86) und Sprakel (1986-2001) war Werner Hülsbusch eine markante Persönlichkeit im Münsteraner Stadtklerus und hat mit vielen Zeitungsartikeln und Leserbriefen zu aktuellen Fragen Stellung genommen. Aus Verbundenheit mit seinem Schüler steuerte Kardinal Ratzinger für die Festschrift »800 Jahre St. Martini« einen Aufsatz zum Thema »Gemeinde aus der Eucharistie« bei.[48] Die Schülerkreistreffen hat Hülsbusch Jahrzehnte lang mit seiner Kamera dokumentiert. Die Fotos sind ebenso wie der bis heute anhaltende Briefwechsel mit seinem früheren Lehrer einer der Schätze, die Hülsbusch in seinem Haus hütet.

Ähnlich wie bei seinem Namensvetter Bröker gehört auch seine Hausdame, die in Frankreich geborene Romanistin Dr. Francine Baude (*1937), zum weiteren Schülerkreis. Denn bei ihrer Promotion, die sie 1966 in Münster bei Heinrich Lausberg über Georges Bernanos' Roman »Die Sonne Satans« einreichte, nahm Professor Ratzinger ihr die Prüfung im Nebenfach Theologie ab.

Vor einem Jahr hat Hülsbusch noch einmal die weite Reise zum Schülerkreistreffen mit Papst Benedikt XVI. nach Castel Gandolfo auf sich genommen. Es war, als ob sich ein Kreis schließen würde. Nach einem bewegten Leben mit allerlei Höhen und Tiefen saßen der Schüler und sein Lehrer noch einmal Seite an Seite, hörten Vorträge, diskutierten darüber, nahmen Anteil aneinander, in einer über langen Jahren gewachsenen Verbundenheit, die etwas vom Kostbarsten ist, was einem geschenkt werden kann.

Hansjürgen Verweyen (*1936)

Der emeritierte Freiburger Professor Hansjürgen Verweyen zählt zu den profiliertesten deutschen Theologen der Gegenwart. Durch seine zahlreichen Bücher und Übersetzungen sowie seine akademischen Schüler sind seine Denkanstöße allgegenwärtig. Dass er von Joseph Ratzingers früher Theologie ganz entscheidend beeinflusst worden ist, hat er nie verschwiegen, sich aber in den letzten Jahren noch einmal bewusst mit seinem Lehrer auseinander gesetzt und zwei tief schürfende Einführungen zu seinem Werk geschrieben.[49] Verweyen erinnert sich an die ersten Eindrücke von Professor Ratzinger:

> »Ich gehöre zu den ältesten Schülern von Ratzinger. Ich habe ihn 1959 in Bonn kennen gelernt, als er für einige Zeit im Collegium Albertinum wohnte. Mit großem Interesse habe ich seine Vorlesung über Religionsgeschichte besucht und an seinem Seminar über ›Gottesbeweise in Geschichte und Gegenwart‹ teilgenommen. Da war ich doch sehr erstaunt, dass dieser junge Professor den ersten Gottesbeweis des Thomas von Aquin zu kritisieren wagte, und habe kräftig dagegengehalten.«

Schon damals fühlte sich der begabte Student von seinem Professor »als angriffslustige(r) Diskussionspartner ... voll und ganz akzeptiert«.[50]

Was war für ihn das Besondere an diesem jungen Dozenten?

> »Er legte keinen besonderen Wert auf eine ausgefeilte Rhetorik, aber seine Sprache war lebendig, einfach und sehr präzise, er sprach druckreif. Inhaltlich fiel mir die intensive Beschäftigung mit der zeitgenössischen Exegese auf. Er betrieb keine reine Philologie, sondern versuchte immer, das Ganze von Schrift und Tradition im Auge zu behalten. An seine Themen ging er mit großem Freimut heran – und man merkte, dass ihm die Vorlesungen und die Arbeit mit uns Studenten große Freude machten.«

Am Ende seines Theologiestudiums fragte Verweyen seinen Lehrer nach einem möglichen Promotionsthema im Bereich der Offenbarungstheologie und vereinbarte mit ihm einen Vergleich zwischen dem Denkansatz des belgischen Jesuiten Joseph Maréchal (der großen Einfluss auf Karl Rahner ausgeübt hat) und dem deutschen Philosophen Gustav Siewerth (der eng mit Hans Urs von Balthasar befreundet war).

Zunächst aber hatte Verweyen an seine berufliche Zukunft zu denken. Er hatte das Priesterseminar verlassen und musste sich als Laientheologe neu orientieren. An der Universität Köln studierte er deshalb zunächst Germanistik, ehe es ihm ein Stipendium der Deutschen Volkswagen-Stiftung ermöglichte, zum Sommersemester 1964 als Doktorand zu Ratzinger nach Münster zu gehen.

Auch für seine zukünftige Frau Ingrid geb. Ernst (*1940) war die Begegnung mit dem jungen Professor Ratzinger in Bonn folgenreich. Sie erzählt:

> »Ich hatte 1960 gerade zu studieren begonnen und hörte, obwohl ich evangelisch war, den katholischen Theologen Hubert Jedin. Da wies mich eine Kommilitonin auf den ›Neuen‹ hin, den ich unbedingt hören müsse. So kam ich in Ratzingers Christologie-Vorlesung. – Und ein Jahr später war ich katholisch!«

Ingrid Verweyen gehört damit zu jener kleinen Gruppe im weiteren Schülerkreis, die nicht zuletzt durch Ratzingers unbedingtes Ringen um die Wahrheit des Glaubens und eine diesem Glauben entsprechende Kirchengestalt zur katholischen Kirche gefunden hat.

Ihr Ehemann, den sie während der gemeinsamen Zeit in Münster 1965 heiratete, schrieb inzwischen in seiner Studentenbude in der Himmelreichallee an der Doktorarbeit. »Ich habe sehr eigenständig gearbeitet und nur zwei- oder dreimal mit Ratzinger darüber gesprochen«, erinnert sich Verweyen. Dennoch fühlte er sich durch das Wohlwollen und das Vertrauen seines Doktorvaters »ermuntert und geleitet«, wie er im Vorwort zu seiner Arbeit bekennt.[51]

Als sein Stipendium auslief, bewarb sich Hansjürgen Verweyen erfolgreich um eine Stelle als Religionslehrer an einem Münsteraner Gymnasium. Als ehemaligem Priesteramtskandidaten – wie er auf vertraulichem Wege erfuhr – wurde ihm jedoch die Erteilung der Missio verweigert, damit sein Beispiel bei den Borromäern nicht Schule machte.

»Darüber hat sich Ratzinger furchtbar aufgeregt, so habe ich ihn selten erlebt. Bei seinem Wechsel nach Tübingen hat er dann mir und meiner Frau eine Stelle als wissenschaftliche Hilfskraft gegeben, damit wir davon leben konnten.«

In Tübingen wurde auch die erste Tochter der Verweyens geboren und am 13. November 1966 in der Pfarrkirche von Bühl von Professor Ratzinger getauft.

Als die Dissertation Anfang 1967 fertig wurde, hatte Ratzinger schon für seinen Schüler vorgesorgt. Während des Konzils war nämlich der Dekan der Theologischen Fakultät der Universität Notre Dame/Indiana (USA) an Ratzinger herangetreten und hatte ihn gefragt, ob er nicht aus dem Kreis seiner Doktoranden einen deutschen Theologen oder eine Theologin wüsste, um eine Stelle als assistant professor zu übernehmen. Ratzinger empfahl Verweyen und verhalf ihm so zu einigen fruchtbaren Jahren in den Vereinigten Staaten von Amerika.

In kritischer Treue fühlt sich der Fundamentaltheologe seinem alten Lehrer darum bis heute verpflichtet. Im Vorwort zu seinem Buch »Der unbekannte Ratzinger« (2010) schreibt er:

> »Vor fünfzig Jahren wurde Papst Benedikt XVI. … mein Lehrer. Den Dank, den ich Joseph Ratzinger schulde, vermag ich nicht ›abzutragen‹, aber wenigstens hin und wieder ein Zeichen dafür zu setzen.«[52]

Weitere Studenten Ratzingers

Neben den genannten Mitarbeitern und Doktoranden von Joseph Ratzinger in Münster sind noch einige andere Theologen zu nennen, die damals das Fach Dogmatik studierten, teilweise auch noch danach mit ihm in Verbindung standen oder ihre eigenen Wege gingen.

Der Spanier **Maximino Arias Reyero** (1935-2000), 1965 in Innsbruck für die Diözese León zum Priester geweiht, war ab Oktober 1965 als Doktorand bei Ratzinger eingeschrieben und wirkte ein Jahr lang als Subsidiar in Hiltrup. 1966 folgte er ihm nach Tübingen, 1969 nach Regensburg und schloss dort mit einer beachtlichen Arbeit über das Schriftverständnis bei Thomas von Aquin ab, die Hans Urs von Balthasar im Johannes-Verlag herausbrachte.[53] Arias lehrte lange Zeit an der Universität Santiago de Chile.

Von dort aus berichtete er seinem Lehrer von den großen Spannungen innerhalb der Katholischen Fakultät, die zwischen der traditionellen Theologie und den Anhängern eines christlichen Sozialismus' ausgebrochen waren. Nach der Einschätzung von Hansjürgen Verweyen haben die Berichte von Arias einen nicht unerheblichen Einfluss auf Ratzingers kritische Sicht der Befreiungstheologie ausgeübt.[54]

Der Kölner Diözesanpriester **Johannes Dörmann** (1922-2009) hatte bei Ratzinger bereits in Bonn mit dem etwas abgelegenen Thema »Neue Quellen zur Erforschung des Evolutionismus im 19. Jahrhundert aus dem Nachlaß von Johann Jakob Bachofen« begonnen und schloss die Doktorarbeit 1964 in Münster ab. Anschließend habilitierte er sich für Religions- und Missionswissenschaften und lehrte dieses Fach auch von 1970 bis 1984 als ordentlicher Professor. In der Nachkonzilszeit unterstützte er zunehmend sehr konservative Positionen und gab die Zeitschrift »Theologisches« heraus. In seinem Wohnort Senden-Bösensell war er für viele ein verlässlicher priesterlicher Begleiter. Er starb nach langer Krankheit am 27. Januar 2009 im Edith-Stein-Haus in Altenberge.

Als »ersten genuinen Doktoranden Ratzingers« betrachtet sich **Pater Viktor Hahn** (*1931), der heute in einem Haus seines Ordens, der Redemptoristen, in Köln-Mülheim lebt. Denn anders als Dörmann hat er sein Thema direkt von seinem Doktorvater bekommen und es in ständigem Kontakt mit ihm ausgearbeitet. Durch diese besondere Stellung war er es, der Papst Benedikt XVI. zu dessen 80. Geburtstag die Gratulation des Schülerkreises überbringen durfte.

»Ich habe im Wintersemester 1959/60 bei Ratzinger in Bonn zu studieren begonnen und aus mehreren Themen, die er mir vorschlug, das Verhältnis von Altem und Neuem Testament bei Ambrosius ausgewählt. Wir waren damals erst drei Doktoranden, alles Ordensmänner, und trafen uns gelegentlich in der Wohnung unseres Professors in Bad Godesberg. Bevor er den Ruf nach Münster annahm, hat er jeden Einzelnen von uns gefragt, ob er dorthin mitgehen würde. Ich war nur in den beiden Pflichtsemestern in Münster immatrikuliert, im Wintersemester 1964/65 und im Sommersemester 1965, und habe dann dort meine Prüfungen abgelegt. Als Professor für Dogmatik an meiner Ordenshochschule in Hennef wollte ich, dass den Studenten in meinen Vorlesungen dasselbe passiert wie mir bei Ratzinger: dass du darüber predigen willst, dass du weitergeben willst, was du gehört hast … Der Kern seiner Theologie war für mich dies: Das Geheimnis, das hinter allen Menschen und der ganzen Welt steht und das wir meinen, wenn wir ›Gott‹ sagen, ist nicht Geheimnis geblieben, sondern hat sich in Jesus Christus gezeigt. Und dieser Prozess des Sich-Zeigens Gottes in Christus lebt weiter in seiner Gemeinde!«

Eine etwas schillernde Gestalt unter den Münsteraner Theologen ist **Peter Lengsfeld** (1930-2009). Geborener Breslauer, hatte er in Königstein und Rom studiert und die Priesterweihe erhalten. Nach einer herausragenden Dissertation über das Verhältnis von Schrift und Tradition in der evangelischen und katholischen Theologie an der Päpstlichen Universität Gregoriana begann er 1960 mit der Habilitation über ein ebenfalls ökumenisch ausgerichtetes Thema bei Hermann Volk und führte es bei Ratzinger im Sommersemester 1964 erfolgreich zum Abschluss. Im Vorwort des Buches zur Adam-Christus-Typologie schreibt er:

»In besonderer Weise danke ich meinem verehrten Habilitationsvater, Herrn Professor Dr. Joseph Ratzinger. Nachdem ihm die Arbeit erst in einem späten Stadium vorgelegt worden war, ermunterte er mich nicht nur, den eingeschlagenen Weg zu Ende zu gehen, sondern trug auch fruchtbare Hinweise zu Methode und Inhalt der Arbeit bei.«[55]

Nach einer Zeit als Privatdozent am Institut für ökumenische Theologie übernahm er 1967 die entsprechende Professur und lehrte bis 1992 in Münster. Nebenbei absolvierte er in Japan eine Ausbildung zum Zen-Lehrer und errichtete im Hochschwarzwald ein christlich-buddhistisches Meditationszentrum. Am 25. Mai 2009 starb er in der Herzklinik Bad Krozingen.

Norbert Schiffers (1927-1998) hat die akademische Laufbahn des gleichaltrigen Joseph Ratzinger zweimal gekreuzt: einmal als Schüler, einmal als Kollege. Schiffers, Priester des Bistums Aachen, hatte 1954 bei Heinrich Fries in Tübingen über Kardinal Newman promoviert, den auch Ratzinger seit seiner Studienzeit in München liebte. Nach einigen Jahren als Kaplan in Krefeld und Studentenpfarrer an der RWTH in Aachen habilitierte sich Schiffers im Juli 1966 bei Ratzinger über ein Thema, das ähnlich wie die Dissertation von Bröker den Dialog mit den Naturwissenschaften suchte: »Anfragen der Physik an die Theologie«.[56] Im Wintersemester 1966/67 vertrat er den frei gewordenen Dogmatik-Lehrstuhl in Münster und übernahm bereits im Januar 1968 die Professur für Fundamentaltheologie an der neu gegründeten Universität Regensburg. Im Jahr darauf traf er dort seinen ehemaligen Lehrer als Kollegen im Fach Dogmatik wieder. Inmitten der nachkonziliaren Polarisierung gingen die Wege der beiden nun deutlich auseinander. Ein damaliger Student sagt: »Ratzinger und Schiffers, das waren zwei Welten: man ging entweder zu dem einen oder zu dem anderen.«[57]

Als Schiffers in den Siebzigerjahren sein Priesteramt aufgab und an die philosophische Fakultät wechselte, zögerte er lange, Ratzinger über diesen Schritt zu informieren – und fand sich dann ganz bestürzt über die verständnisvolle Herzlichkeit, mit der ihm dieser begegnete. Während seines Engagements im lateinamerikanischen Stipendienwerk hat Schiffers viele Studenten tatkräftig unterstützt. Schon wenige Jahre nach seiner Emeritierung erlag er am 19. August 1998 in Regensburg einem Krebsleiden.

Zwei Bayern in Münster – Joseph Ratzinger und Johann Baptist Metz

Von den zahlreichen Studenten, die sich in Münster für die Vorlesungen Joseph Ratzingers begeisterten, wird häufig noch ein zweiter Name genannt, der für eine ganz ähnliche Anziehungskraft, aber eine ganz anders ausgerichtete Theologie steht: Johann Baptist Metz (*1928). Während Ratzinger und Metz heute von ihrer Wirkungsgeschichte und ihren Schülern aus gesehen wie zwei Gegensätze erscheinen, waren sie am Anfang ihres wissenschaftlichen Weges gar nicht so weit voneinander entfernt, und es wäre eine lohnende Forschungsaufgabe, zu untersuchen, ob sich die beiden Theologen über alle Unterschiede in Sprache und Denken hinweg nicht doch in ihren Grundanliegen vereinbaren ließen.

Während Ratzinger als Oberbayer seine Ausbildung in Freising und München erhalten hatte, studierte der ein Jahr jüngere Oberpfälzer Metz in Innsbruck und ging nach einer längeren Seelsorgetätigkeit im Erzbistum Bamberg 1961 nach München, um sich bei Heinrich Fries zu habilitieren. Wenige Monate nach der Berufung Ratzingers nach Münster erhielt Metz – noch vor Abschluss seiner Habilitation – den Ruf auf den frei gewordenen Lehrstuhl für Fundamentaltheologie in der westfälischen Universitätsstadt. Dort begegneten sich die beiden zum ersten Mal persönlich. Professor Metz erinnert sich:

> »Schon in den Jahren zuvor gab es einzelne Berührungspunkte. Das erste Mal habe ich den Namen Ratzingers wohl bei Karl Rahner gehört, als dieser um 1957 herum ein zusätzliches Gutachten für dessen Habilitation in München schrieb und mir davon erzählte. Später, kurz vor meiner Berufung nach Münster, hielt mir bei einem Heimatbesuch in Auerbach meine Mutter ihre neue Kirchenzeitung, den ›Altöttinger Liebfrauenboten‹ entgegen und sagte: ›Da schreibt ein junger Theologe recht tiefsinnig und verständlich. Davon könntest du noch etwas lernen, du schreibst mir immer noch zu kompliziert.‹ Der Name des Theologen war Joseph Ratzinger.«

Ratzinger selbst erwähnt in seinen Erinnerungen, dass Metz »auf (seinen) Rat hin«[58] nach Münster berufen wurde. Dementsprechend unkompliziert verliefen die drei gemeinsamen Jahre an der Fakultät. Die Professoren übernahmen jeweils Zweitgutachten für ihre Doktoranden, feierten ihre Namenstage

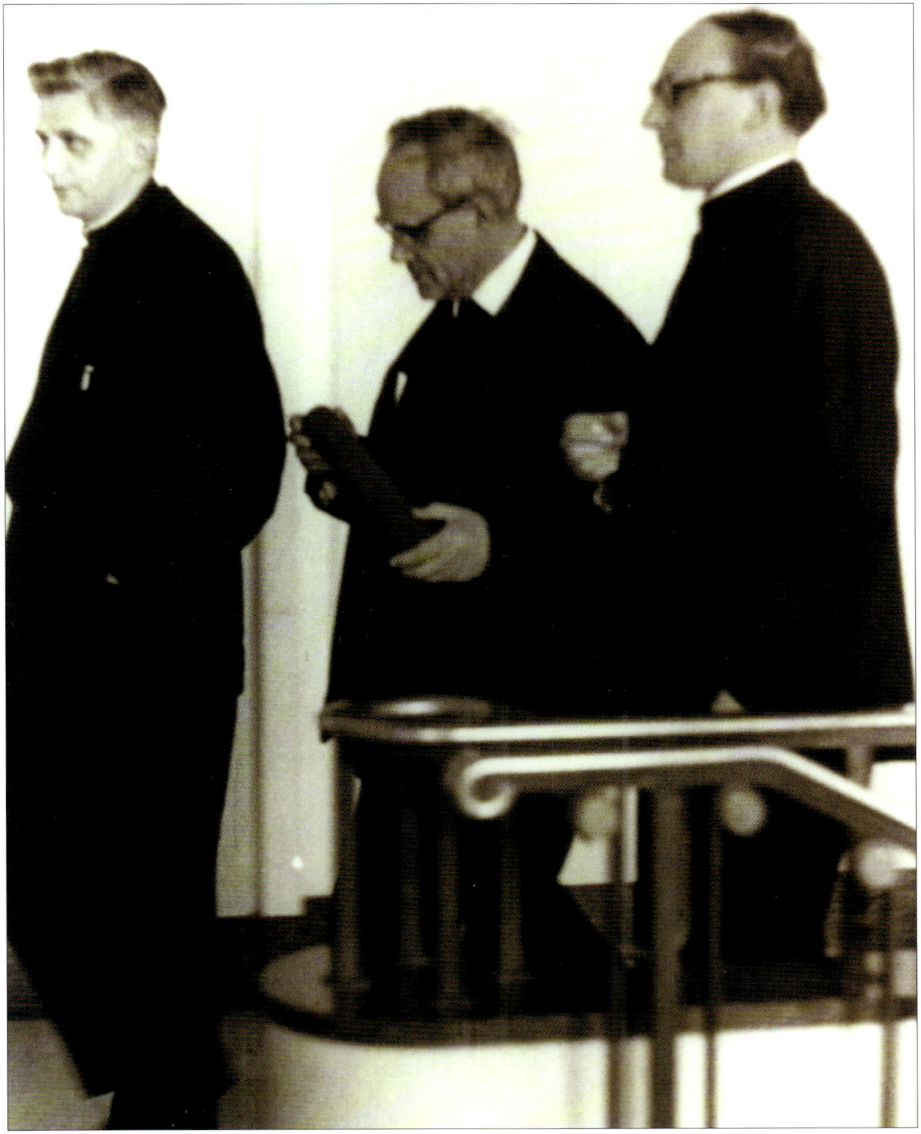

Mit Karl Rahner (Mitte) und Johann Baptist Metz (rechts), im Schloss (Universität) Münster, 13. Mai 1964.

mit den Kollegen, trafen sich regelmäßig in der Stadt und arbeiteten auch fachlich in engem Austausch miteinander. Fast vergessen scheint heute, dass Metz und Ratzinger zwischen 1963 und 1966 an drei Sammelwerken beteiligt waren und sich in ihren Beiträgen gegenseitig die Stichworte zuwarfen.[59]

Metz etwa beschreibt in einem Text aus dem Jahr 1965 das Verhältnis des Christentums zur Welt mit den Begriffen »Geschichtlichkeit« und »Brüderlichkeit«, betont dabei die Transzendenz des immer je größeren Gottes gegenüber der Welt und kritisiert eine blinde Fortschrittsgläubigkeit, die sich einfach der vorgefundenen Welt anpasst statt sie kritisch aufzubrechen durch ein neues Denken und Handeln[60] – alles Themen, die sich auch in den Veröffentlichungen Ratzingers an zentraler Stelle finden.

Dieser setzt sich umgekehrt in mehreren Artikeln mit einer Theologie der Welt auseinander, kritisiert dabei eine Überzeichnung der Bejahung der Welt, die das eigentliche Ziel, die Verchristlichung der Welt, aus dem Auge verliere, gibt aber ausdrücklich »hinsichtlich des Ergebnisses« seinem Kollegen Metz Recht, insofern die Kirche die Welt als Welt akzeptieren müsse, weil allein Christus – unter Mithilfe der Christen – die Verwandlung der Welt bewirken könne.[61] Die Frage bleibt, ob der Grund für den sich bereits in Münster anbahnenden Dissens zwischen Metz und Ratzinger nicht vor allem in ihren unterschiedlichen Gesprächspartnern zu suchen ist, ihre Intentionen hingegen recht nahe beieinander lagen. Während der Dogmatiker Ratzinger weiterhin mehr an einer lebendigen Auslegung der Quellen des Glaubens, der Schrift und der Väter interessiert war, nahm der Fundamentaltheologe und promovierte Philosoph Metz gezielt neue Denkansätze in seine Vorlesungen auf. Er lud den marxistischen Philosophen Ernst Bloch nach Münster ein und schrieb 1965 als einziger katholischer Theologe einen Beitrag für die Festschrift zu Blochs 80. Geburtstag, knüpfte über Bloch auch Kontakt mit dem evangelischen Theologen Jürgen Moltmann, beschäftigte sich mit den Autoren der Frankfurter Schule (Adorno, Horkheimer, Habermas), reiste in die Vereinigten Staaten und nach Kanada und brachte von dort neue gesellschaftswissenschaftliche Impulse mit. Metz bestätigt selbst diesen Eindruck, wenn er heute sagt:

»Die ›Frankfurter Allgemeine Zeitung‹ hat einmal von einer Gemeinsamkeit zwischen Ratzinger und mir gesprochen: Wir hätten

Mit Johann Baptist Metz in Ahaus, 27. Oktober 1998.

Mit Karl Rahner im Schloss (Universität) Münster, 13. Mai 1964.

> eine Neigung zu einem essayistischen, narrativen Stil in der Theologie. Diese Beobachtung ist wohl richtig. Insgesamt liegt unser Verhältnis eher in einer niveauvollen Gegensätzlichkeit. Ratzinger hat nie meine Rechtgläubigkeit angezweifelt, ihn hat mehr das Atmosphärische gestört.«

Das »Atmosphärische« aber war der Kontext, in dem beide jeweils ihre Theologie betrieben, und der veränderte sich nach 1965 von Grund auf, sodass Ratzinger im Rückblick über seinen Münsteraner Kollegen schreiben kann: »Ich fand das Gespräch mit ihm immer äußerst anregend, aber als sich die Richtung auf die politische Theologie hin abzeichnete, sah ich doch einen Gegensatz heraufziehen, der tief gehen konnte.«[62]

Dieses Empfinden einer atmosphärischen Gegensätzlichkeit, die von der Sache her wohl so gegensätzlich nicht gewesen wäre, steht auch im Hintergrund der Kontroverse um die Besetzung des Lehrstuhls für Fundamentaltheologie an der Universität München im Jahr 1979. Als Nachfolger von Heinrich Fries stand der damals schon international bekannte Theologe Metz auf der Liste der Fakultät an erster Stelle. Eine Intervention des damaligen Münchner Erzbischofs Kardinal Ratzinger bei Kultusminister Hans Maier verhinderte schließlich die Berufung, was Karl Rahner und andere Mitstreiter als ernsten Angriff auf die Freiheit der Wissenschaft empfanden.[63]

Metz' 70. Geburtstag brachte eine späte Versöhnung der beiden einflussreichen Gelehrten. Das Seminar für Fundamentaltheologie der Katholisch-Theologischen Fakultät Münster fragte – zunächst ohne Wissen von Metz – Kurienkardinal Joseph Ratzinger als Festredner an, und dieser bekundete, er sei daran interessiert, »den Dialog mit Johann Baptist Metz noch einmal aufzunehmen«. Ratzingers Vortrag über das »Ende der Zeit«, Metz' Erwiderung über den »Mythos von der Ewigkeit der Zeit« sowie die anschließende Diskussion am 27. Oktober 1998 im Schloss Ahaus waren ein großer Augenblick, in dem noch einmal die gemeinsamen Intentionen der beiden Gelehrten aufblitzten, ohne die Unterschiedlichkeit ihrer Denkwege und Überzeugungen zu verwischen.[64]

Sternstunden der Theologie

Die Ehrenpromotionen von Karl Rahner (1964) und Hans Urs von Balthasar (1965)

Die Verleihung einer Ehrendoktorwürde ist für den Fachbereich einer Universität immer auch eine Selbstvergewisserung und ein Bekenntnis. Forscher von Rang werden damit enger an eine Universität gebunden. Oder Menschen werden geehrt, deren gesellschaftliches Engagement auch auf Bildung und Wissenschaft einwirkt.

Die Katholisch-Theologische Fakultät Münster hat im Laufe ihrer mehr als 200-jährigen Geschichte eine ganze Reihe von Ehrenpromotionen durchgeführt. Zwei der prominentesten fielen in jene Zeit, in der auch Professor Joseph Ratzinger bei solchen Entscheidungen ein Wörtchen mitzureden hatte, und zweimal wurden Kollegen von ihm ausgezeichnet, mit deren Lebensweg sich sein eigener schon mehrfach gekreuzt hatte.

Als erstes bekam am 13. Mai 1964 Karl Rahner (1904-1984) im Festsaal des Münsteraner Schlosses den Ehrendoktor und hielt anschließend den Vortrag »Bemerkungen zum Begriff der Offenbarung«[65], in dem er in der ihm eigenen spekulativen Denkbewegung den Neuansatz des Zweiten Vatikanischen Konzils bei der Selbstmitteilung Gottes und dem darauf antwortenden Glauben des Menschen darlegte – ein Anliegen, in dem er gemeinsam mit seinem eine Generation jüngeren Kollegen Ratzinger während der ersten Konzilsperiode in Rom bereits sehr effektiv zusammengearbeitet hatte.[66]

Aus Anlass seines 60. Geburtstag sollte Rahner für sein theologisches Lebenswerk mit der Ehrendoktorwürde ausgezeichnet werden. Sein Schüler, Mitarbeiter und Freund Johann Baptist Metz setzte sich an der Fakultät persönlich dafür ein. Rahner hatte damals gerade seine Vorlesungen in München begonnen, auf dem Lehrstuhl für Religionsphilosophie, den vor ihm der berühmte Romano Guardini innehatte. Zum Sommersemester 1967 würde er Ratzingers Nachfolge auf dem Dogmatik-Lehrstuhl in Münster antreten und dort bis 1971 einen großen internationalen Schülerkreis um sich scharen.[67] Die Ehrenpromotion Rahners geschah gewissermaßen in weiser Voraussicht.

Anders stehen die Dinge im Fall Hans Urs von Balthasars (1905-1988), der am 19. November 1965 im Schloss mit der Ehrendoktorwürde ausgezeichnet wurde. Balthasar war nicht als Berater des Konzils berufen worden, sondern schrieb in diesen Jahren unermüdlich am ersten Teil seines theologischen Hauptwerks mit dem Titel »Herrlichkeit«. Der Schweizer Adelige war auch kein Theologieprofessor, sondern ein universal gebildeter Gelehrter und Seelenführer, der im akademischen Bereich nicht so ohne weiteres akzeptiert wurde wie etwa Karl Rahner. Neben den Professoren Walter Kasper und Anton Antweiler (1900-1981), die bei einer Fakultätssitzung am 5. Mai 1965 den Antrag auf Verleihung der Ehrendoktorwürde gestellt hatten[68], gehörten aber auch Johann Baptist Metz und Joseph Ratzinger zu dessen Befürwortern. Balthasars Denken mochte unkonventionell sein, sein Einfluss auf die deutsche und französische Theologie der Nachkriegszeit ließ sich nicht leugnen. In seiner Dankesrede sprach der Geehrte über »Glaube und Naherwartung«[69], ein Thema, das damals in der Luft lag und die Konzilsdiskussionen um »Gaudium et Spes« prägte.

Am Abend desselben Tages hielt Balthasar im Auditorium Maximum einen weiteren Vortrag mit dem provokanten Titel »Liquidation des Christentums?« und wiederholte ihn am 20. November 1965 in der Aula der KSHG in der Frauenstraße. Dem Vortrag folgte eine spannende Podiumsdiskussion zwischen Balthasar und Johann Baptist Metz, in die sich an einer Stelle auch Professor Ratzinger einschaltete. Pfarrer Heinrich Westhoff (*1940) saß damals unter den Zuhörern. Er berichtet:

> »In der Diskussion ging es um die anthropologische Wende in der Theologie, die damals in aller Munde war. Nachdem Balthasar und Metz eine Stunde lang miteinander gerungen hatten und sich keine Einigung abzeichnete, zeigte Balthasar ins Auditorium und sagte: ›Da sitzt doch unser Kollege Ratzinger. Fragen wir ihn doch, was er dazu meint.‹ Ratzinger kam nach vorn und begann: ›Herr Balthasar, wenn ich Sie richtig verstanden habe, haben Sie gesagt…‹ Da hat natürlich alles gelacht. Ratzinger hat in ein paar Minuten die beiden Standpunkte so gut zusammengefasst, dass auch wir Studenten besser verstanden, worum es ging. Er blieb dann gleich vorn und moderierte die anschließende Aussprache mit den Zuhörern. Am Ende bekam er den meisten Applaus.«

Die Ehrenpromotionen von Rahner und Balthasar waren echte »Sternstunden« der Theologie in Münster - die Ehrung zweier Gelehrter, die auf höchstem intellektuellen Niveau und mit geistlicher Sensibilität neue Zugänge zum Gottesgeheimnis eröffnet haben.

Mit Hans Urs von Balthasar in Basel, 1967.

Joseph Ratzinger war an beiden Ereignissen maßgeblich beteiligt als der hoffnungsvolle, jüngere Kollege der Ausgezeichneten. Während sich die Wege Rahners und Ratzingers bald nach dem Konzil trennten, vertiefte sich sein Kontakt zu Balthasar und blieb bis zu dessen Tod eine menschlich wie theologisch fruchtbare Freundschaft.[70]

4. Geteilt zwischen Münster und Rom

Joseph Ratzinger als Berater und Mitgestalter des Zweiten Vatikanischen Konzils

Weltereignis Konzil

Ihr besonderes Gewicht in der menschlichen und theologischen Entwicklung Joseph Ratzingers erhält seine Zeit in Münster durch das »Weltereignis Konzil«.[71] Acht der 40 Monate, die er an der Westfälischen Wilhelms-Universität lehrte, verbrachte er bei den Konzilssitzungen in Rom, und ihre Vor- und Nachbereitung machten einen wesentlichen Teil seines Wirkens in den Jahren 1963 bis 1966 aus. Zur zweiten, dritten und vierten Konzilsperiode hat er in Münster jeweils zusammenfassende Vorlesungen gehalten, die überaus großen Zulauf fanden. Er hat das Konzil mit vorbereitet, als Fachtheologe begleitet, die laufenden Beratungen durch Vorträge und Veröffentlichungen aktiv beeinflusst und nach Konzilsende einen wesentlichen Beitrag zur Umsetzung der Beschlüsse in Deutschland und darüber hinaus geleistet.[72]

Ratzinger selbst hat immer betont, dass nicht einzelne Theologen, sondern nur die Kirche als Ganze unter Leitung des Heiligen Geistes das Konzil gestalten und umsetzen konnte.[73] Dieses Vorverständnis ist für eine angemessene theologische Sicht des Konzils sicher unverzichtbar. Dennoch lässt sich bei genauer Analyse der Konzilstexte zeigen, wo einzelne Überlegungen Ratzingers eingeflossen sind. Durch seine Dissertation über das Kirchenbild bei Augustinus und seine Habilitation über den Offenbarungsbegriff bei Bonaventura war er bereits vor Beginn des Konzils ein ausgewiesener Fachmann für genau die beiden Hauptthemen der Versammlung, die für alle weiteren inhaltlichen Aussagen den Rahmen vorgaben: das Selbstverständnis der katholischen Kirche gegenüber der nichtchristlichen Welt und ihre Verwurzelung in der Selbstoffenbarung Gottes im Christusgeschehen.

Blick in die Vollversammlung des Konzils im Petersdom.

Bei der Arbeit in der Seminarbibliothek Bonn, 1960.

Dass der erst seit kurzem in Bonn wirkende Fundamentaltheologe Joseph Ratzinger 1962 zum Konzil eingeladen wurde, ist wie so manches in seinem Leben eine Verkettung vieler glücklicher Fügungen, die bis in seine ersten Studienjahre nach dem Krieg zurückreichen. Da sind die beiden genannten Themen, die ihn sein Lehrer, der Münchner Fundamentaltheologe Professor Gottlieb Söhngen (1892-1971), bearbeiten lässt. Da ist der Kommilitone aus Köln, Hubert Luthe (*1927), der in München sein Freisemester verbringt und dort gemeinsam mit ihm bei Söhngen ein Seminar über die »Bekenntnisse« des Hl. Augustinus besucht.

Als Ratzinger nach Bonn berufen wird, ist Luthe persönlicher Sekretär des Kölner Erzbischofs Josef Kardinal Frings (1887-1978) und macht den einflussreichen Oberhirten auf seinen ehemaligen Studienfreund aufmerksam. Ratzinger erinnert sich: »(Mit Kardinal Frings habe) ich mich von Anfang an gut verstanden. Er kam gelegentlich in die Vorlesung und hörte sich dann auch in Bensberg meinen Vortrag über die Theologie des Konzils an.«[74]

Als Frings von seinem Genueser Mitbruder Kardinal Giuseppe Siri (1906-1989) eingeladen wird, einen Vortrag über die Aufgaben des kommenden Konzils zu halten, sieht er sich nach einem theologischen Ratgeber um – und muss sofort an den jungen Bonner Professor denken, der sich unter den Studenten »bereits eines großen und guten Rufes« erfreut, wie der Kardinal in seinen Lebenserinnerungen schreibt.[75]

Begegnung mit Kardinal Frings

Zwischen Frings und Ratzinger gibt es ein spontanes Einvernehmen, das menschliche wie theologische Gründe hat. Sein damaliger Sekretär Luthe, heute Altbischof in Essen, charakterisiert ihn folgendermaßen: »Frings hatte einen unschlagbaren Vorteil: Er war 20 Jahre lang Pfarrer gewesen. Und er besaß eine seltene Eigenschaft: Er war bis ins hohe Alter hinein lernwillig und lernfähig.«

Menschlich geerdet und geistig wach, ahnt Frings die großen Herausforderungen, vor die die moderne Welt die Kirche stellt und auf die das Konzil eine überzeugende Antwort finden muss. Und er sucht sich als Berater den besten Theologen in seiner Umgebung aus. Seine Wahl fällt auf Joseph Ratzinger.

Den Vortrag über »das Konzil und die moderne Gedankenwelt«, den ihm Ratzinger für Genua erarbeitet, findet Frings »so gut ..., dass ich nur an einer Stelle eine kleine Retuschierung vornahm.«[76]

Der Auftritt des Kardinals am 20. November 1961 im Teatro Duse in Genua machte »erheblichen Eindruck« unter den Zuhörern, wie er sich stolz erinnert.[77] Als Papst Johannes XXIII. (1881-1963) davon hört, lädt er Frings zu einer Privataudienz ein. Da in den 1920er Jahren schon einmal ein Kardinal wegen einer öffentlichen Stellungnahme zum Papst zitiert und von diesem seines Amtes enthoben worden war, meinte Frings zu seinem Sekretär: »Legen Sie mir noch mal das rote Mäntelchen um, vielleicht ist es ja das letzte Mal?«

Doch statt ihn für seine offenen Worte zu tadeln, umarmt der gütige Papst den Erzbischof und gesteht ihm: »Lieber Cardinale, Sie haben all das gesagt, was ich gedacht habe und sagen wollte, selbst aber nicht sagen konnte!«[78]

Kurz: die erste Zusammenarbeit zwischen dem Kölner Kardinal und seinem theologischen Berater endet mit einem Lob von allerhöchster Stelle!

Um die Eigenart dieser für die Konzilszeit prägenden Zusammenarbeit von Kardinal Frings und Ratzinger zu verstehen, muss man wissen, dass der Erzbischof, zu Konzilsbeginn bereits 75 Jahre alt, auf beiden Augen an einer Starerkrankung litt und kaum noch lesen oder schreiben konnte. Dank seines scharfen Verstandes und seines ausgezeichneten Gedächtnisses konnte er diese Behinderung ausgleichen, indem er seine Redetexte im Gespräch mit seinen Beratern entwickelte, diese niederschreiben und sich mehrmals vorlesen ließ, bis er sie sich eingeprägt hatte. Diese Arbeitsweise erforderte von den Mitarbeitern natürlich einen möglichst hohen Gleichklang in Denken und sprachlichem Ausdruck. Gerade dies scheint der rheinische Oberhirte bei dem 40 Jahre jüngeren Oberbayern gefunden zu haben. Dass beide hochmusikalisch waren und ein humorvolles, ausgeglichenes Naturell besaßen, wird die Zusammenarbeit zusätzlich erleichtert und bereichert haben.

Am 30. April 1962 wurde Professor Ratzinger als persönlicher Berater von Kardinal Frings vereidigt und durfte fortan die Textvorlagen einsehen, die die Bischöfe in aller Welt von den Vorbereitungskommissionen der römischen Kurie zugesandt bekamen.[79] Im Sommer desselben Jahres erhielt er auch den Band mit den sieben so genannten Konzilsschemata, die eine Art vorläufige Inhaltsangabe der kommenden Versammlung darstellten, und arbeitete ihn in den ersten beiden Septemberwochen sorgfältig durch.[80]

Mit Josef Kardinal Frings, 1962.

Im Kolleg Santa Maria dell' Anima in Rom, Oktober 1962.

Zunächst fügt Ratzinger in seiner winzigen Handschrift nur Randbemerkungen ein, bald wird er von Privatsekretär Luthe gebeten, »zur leichteren Umsetzbarkeit … überschaubare und zusammenfassende Texte zu erstellen«.[81] Damit ist der Theologe schon vor Konzilsbeginn in der Lage, zu den Texten der Vorbereitungskommission eigene Kommentare zu formulieren und die ersten Konzilsdiskussionen mitzubestimmen. Altbischof Luthe bestätigt diesen Eindruck: »Gegenüber anderen Konzilsteilnehmern hatten wir einen Vorsprung: Wir wussten, worum es ging und hatten auch schon Wertungen in den Texten gemacht: Was konnte so bleiben, was sollte geändert werden?«

Während Kardinal Frings in Fragen der Theologenausbildung den Bonner Kirchenhistoriker Professor Hubert Jedin (1900-1980) und in kirchenrechtlichen Fragen seinen Generalvikar Joseph Teusch (1902-1976) zu Rate zog, blieb Ratzinger nach dem Urteil des Frings-Biografen Norbert Trippen im Ganzen sein »wichtigster Zuarbeiter«.[82]

Die Konzilseröffnung

Nach einem kurzen Gebet in der Krypta des Kölner Doms[83] brechen Frings, Luthe und Ratzinger am 9. Oktober 1962 gemeinsam auf und erreichen im Flugzeug die Ewige Stadt. Für den 35-jährigen Gelehrten tut sich eine neue Welt auf. In einem Beitrag für das italienische Magazin »Reset« beschreibt er vier Jahrzehnte später seine ersten Eindrücke:

> »Das Konzil war für mich auch persönlich ein geschichtsträchtiges Ereignis. Ich fand mich in der Gesellschaft vieler Menschen wieder, die ich bisher nur aus Büchern kannte. Für einen jungen Professor, der bis jetzt in seiner akademischen Welt gelebt hatte, war es auch eine ganz neue Realität, am Leben Roms teilzuhaben. … Mit anderen in ein Café zu gehen und das römische Leben kennen zu lernen, das so ganz anders war als mein Leben an der Universität, hinterließ in mir einen Eindruck, der mein Leben geprägt hat.«[84]

In Rom war Joseph Ratzinger bisher nur ein einziges Mal gewesen, im Frühjahr 1962 in Begleitung seines Bruders Georg. Damals standen die großen Kirchen der Stadt und ausgedehnte Spaziergänge auf dem Programm. Nun aber begegnete er der Weltkirche und hatte eine Menge Arbeit vor sich.

Schon am Tag nach der Landung in Rom, am 10. Oktober 1962 um 17 Uhr, referierte Ratzinger vor etwa 50 deutschen und deutschsprachigen Konzilsvätern im Großen Saal des deutsch-österreichischen Priesterkollegs Santa Maria dell' Anima. Das Haus liegt in der Via della Pace, »versteckt in einem Winkel der Altstadt« Roms.[85] Kardinal Frings kannte die Räumlichkeiten bereits aus seiner Studienzeit.

Die Anima blieb während des ganzen Konzils die Wohn- und Arbeitsstätte der kleinen, aber äußerst produktiven Gruppe aus Köln, zu der sich gelegentlich auch noch der Augsburger Bischof Dr. Joseph Freundorfer (1894-1963) und der Eichstätter Bischof Dr. Joseph Schröffer (1903-1983) gesellten. Unter den etwa zwei Dutzend Priestern, die im Haus wohnen und denen man gelegentlich auf den Gängen und in der Kapelle begegnet, ist damals auch der spätere Bischof von Münster, Reinhard Lettmann (*1933), der seine kirchenrechtliche Doktorarbeit 1963 in Rom abschließt. Über die Zeit in der Anima sagt Altbischof Lettmann heute:

»Ich erinnere mich, dass ich mit Joseph Ratzinger oft die Frühmesse am Seitenaltar gelesen habe, es gab damals ja noch keine Konzelebration. Ein Nachbar namens Salvatore versorgte als Messdiener gleich mehrere Priester. Die Studenten im Haus stammten in der Regel aus Deutschland oder Österreich. Von der Gruppe aus Köln haben wir nicht viel mitbekommen, denn sie nahm ihre Mahlzeiten immer für sich ein.«

Ratzinger selbst schildert die Anima als einen gemütlichen, altmodisch eingerichteten und gerade darin liebenswerten Ort, der abseits der Geschäftigkeit der Konzilsaula lag und es einem erlaubte, sich zurückzuziehen und in Ruhe über das Erlebte nachzudenken.[86] An Altbischof Luthe schreibt er als Kardinal zu dessen 70. Geburtstag: »Die gemeinsamen Tage in der Anima gehören wohl ... zu den schönsten Lebenserinnerungen.«[87]

In seiner Eigenschaft als Vorsitzender der deutschen Bischofskonferenz versammelte Kardinal Frings während der Konzilsperioden einmal pro Woche seine Mitbrüder im Kolleg, um sich mit ihnen zu beraten. Am Vorabend der Konzilseröffnung sprach Ratzinger dort über »Die beiden Quellen der Offenbarung«.[88]

Papst Johannes XXIII. während der ersten Konzilsperiode.

Die Bischöfe, von denen die meisten nach der Einschätzung Norbert Trippens »von der Sprache und den Inhalten des Offenbarungs-Schemas überfordert«[89] waren, lauschten dankbar den eingängigen, gut gegliederten Ausführungen des Professors. Dieser denkt noch im Nachhinein mit Herzklopfen an diese Feuertaufe zurück:

> »Ich hatte die Aufgabe, (den Bischöfen) einen Vortrag zu halten und … in die Arbeit des Konzils einzuführen. Für einen sehr jungen Professor … handelte es sich um eine wahrhaft gewaltige, in einem bestimmten Sinn auch schwierige Aufgabe: die Verantwortung, den Weg, den die deutschen Bischöfe beschreiten würden, vorzuzeichnen, lag drückend auf meinen Schultern. Einerseits war es also eine große Freude, wirklich an der Arbeit des Konzils teilzunehmen, andererseits verspürte ich eine große Verantwortung gegenüber Gott und gegenüber der Geschichte.«[90]

Tags darauf, am 11. Oktober 1962, reißen die Regenwolken die über Rom hängen, auf, sodass die Konzilsväter bei strahlendem Sonnenschein zur Eröffnung des Zweiten Vatikanischen Konzils in den Petersdom einziehen können. Der Zug der Bischöfe ist fast vier Kilometer lang. Der jüngste von ihnen ist gerade 34, der älteste, der 100-jährige Kurienbischof Alfonso Carinci (1862-1963), hat als Chorknabe schon das Erste Vatikanische Konzil (1869/70) miterlebt.[91] In Deutschland bekommen die Kinder schulfrei, um das Ereignis live im Fernsehen zu verfolgen.

Kardinal Frings nimmt ganz vorn im Petersdom Platz. Er ist Mitglied des Konzilspräsidiums und damit immer einer der ersten, die das Wort ergreifen und so auch die Richtung der Diskussion vorgeben. Sein persönlicher Berater Joseph Ratzinger (er wird erst am 30. November 1962 zum offiziellen Konzilsberater bestellt) sitzt weit hinten in der Konzilsaula auf einer Tribüne. Er hört die berühmte Eröffnungsansprache von Papst Johannes XXIII., mit der er die Kirche auffordert, nicht auf die »Unglückspropheten« zu hören, die die Neuzeit als eine einzige große Abfallbewegung vom Christentum sehen, sondern mit Liebe und Güte auf die von der Kirche getrennten Brüder und Schwestern zuzugehen.[92]

Der »gütige« Papst Johannes überzeugt den jungen Theologen durch seine schlichte Frömmigkeit, seine geistige Unabhängigkeit, seine Fähigkeit zur Selbstironie und seinen gläubigen Optimismus, mit dem er sich gegen

Die Mitglieder des Konzilspräsidiums im Petersdom, darunter Josef Kardinal Frings (3. v.l.).

den erklärten Willen vieler seiner Berater entschied, ein allgemeines Konzil einzuberufen. Bis heute ist kaum bekannt, dass diese Hochschätzung Ratzingers für den Konzilspapst auch auf theologische Gemeinsamkeiten zurückgeht. Beide haben sich etwa in jungen Jahren intensiv mit dem englischen Theologen John Henry Newman beschäftigt. Von Newman her fanden sie zu einem tieferen Verständnis der Neuzeit, ihrer Chancen und ihrer Gefahren – und die Möglichkeit, Glaube und Geschichte, Tradition und Fortschritt, Dogma und Entwicklung miteinander zu verbinden und kritisch aufeinander zu beziehen.[93]

Ein dreifacher Paukenschlag

Der Ablauf des Konzils war von der Vorbereitungskommission der Kurie genau geplant: Die Bischöfe sollten aus ihren Reihen Vertreter wählen, welche die bereits vorbereiteten Schemata prüften, und diese dann per Abstimmung bestätigen. So war das Verfahren beim letzten allgemeinen Konzil, und so schien es sich bewährt zu haben. Da dröhnte durch die Konzilsaula ein dreifacher »Paukenschlag«[94], und dreimal waren es Kardinal Frings und sein junger Berater, die die Trommel rührten.

Als Erstes wandten sich der französische Kardinal Achille Liénart von Lille (1884-1973) und Frings gegen die von der Kurie bereits festgelegte Zusammensetzung der Kommissionen. Sie sagten, man könne ja nicht blind wählen, sondern müsse sich erst untereinander besser kennen lernen. So endete die erste Konzilssitzung bereits nach 50 Minuten und führte dazu, dass sich die einzelnen Bischofskonferenzen fortan besser zusammenschlossen und eigene Vorschläge einbrachten. Das »Wagnis Konzil« hatte begonnen.[95]

Als Zweites lehnte Frings, als die inhaltlichen Beratungen im November 1962 begonnen hatten, zusammen mit einigen anderen Bischöfen das Schema über die göttliche Offenbarung in der vorliegenden Form ab und forderte eine völlig neue Erarbeitung des Textes, dem die gerade von Ratzinger betonte Einheit des Offenbarungsgeschehens zugrunde gelegt werden sollte, statt weiterhin die »zwei Quellen der Offenbarung«, Schrift und Tradition, nebeneinander zu stellen.[96]

Als Drittes beantragte er schließlich während der zweiten Konzilssession eine Verfahrensänderung für das Heilige Offizium, die Vorgänger-Behörde der Glaubenskongregation, durch die ihr Vorgehen bei Lehrverfahren transparenter werden sollte.[97]

Während des Konzils mit Franz Kardinal König aus Wien.

Dass Frings und mit ihm sein Peritus mit diesen drei »Paukenschlägen« die konservativen Kurienbischöfe provozierten und in den Ruf gerieten, »progressiv« zu sein, verwundert nicht. Im Interview-Buch »Salz der Erde« fasst Kardinal Ratzinger seine Position bei Konzilsbeginn mit folgenden Worten zusammen:

> »(Ich war der Meinung), die scholastische Theologie, so wie sie sich fixiert hatte, ist kein Instrument mehr, um den Glauben ins Gespräch der Zeit zu bringen. Er muß aus diesem Panzer heraus, muß sich eben auch in einer neuen Sprache, in einer neuen Offenheit der Situation der Gegenwart stellen. So muß auch in der Kirche eine größere Freiheit entstehen. Da spielt natürlich auch das Pathos eines jungen Menschen mit. Aber im großen und ganzen war das ein Bewußtsein, das in der großen Breite der Kirche zu spüren war …«[98]

Anderswo nennt Ratzinger den ersten Paukenschlag auch den eigentlichen »Wendepunkt«[99] des Konzils, da nun allen Konzilsvätern klar geworden war, dass es um ein neues, gemeinsames Ringen um das Verstehen und das Verkünden des christlichen Glaubens gehen musste und dass jeder einzelne Teilnehmer aufgefordert war, sich einzubringen und nach neuen Wegen zu suchen.

Zwischen der ersten und der zweiten Konzilsperiode wechselte Professor Ratzinger von Bonn nach Münster. Kardinal Frings hat ihn sicher schweren Herzens fortgehen lassen, ihm aber ausdrücklich zugeraten, den Ruf auf den Dogmatik-Lehrstuhl anzunehmen – ein »väterliches Verstehen und (eine) menschliche Großzügigkeit«, für die ihm sein Berater »nur dankbar sein« konnte.[100]

Der Konzilstheologe aus Münster (2. Konzilsperiode)

Neben dem Liturgiewissenschaftler Lengeling und dem 1964 zum Peritus bestellten Missionswissenschaftler Glazik ist Joseph Ratzinger einer von drei offiziellen Konzilstheologen der Münsteraner Fakultät, in der Öffentlichkeit aber gewiss der bekannteste. Das Interesse an seinen Berichten »aus erster Hand«, die er am Ende der zweiten, dritten und vierten Konzilsperiode im Fürstenberghaus vorträgt, ist immens. Viele damalige Hörer bewahren bis heute die »vier Konzilsbändchen« auf, die zwischen 1963 und 1966 im Kölner Bachem-Verlag erschienen und in denen Ratzingers

Rückblicke und Vorträge rund ums Konzil gesammelt sind.[101]

Noch vor Beginn der zweiten Konzilsperiode wird der neue Professor von Bischof Höffner zur Dekane-Konferenz eingeladen und referiert am 6. Juni 1963 vormittags in der Landvolkshochschule Schorlemer Alst in Freckenhorst über »Theologische Fragen auf dem II. Vatikanischen Konzil«. Der Vortrag lässt erkennen, dass Ratzinger schon früh über eine organische Gesamtsicht des Konzils verfügt, über die Entwicklungen, die auf das Konzil hingeführt haben, wie auch über die Ziele, auf die die Beratungen nun zusteuern werden.[102]

Als Ratzinger zum 29. September 1963 nach Rom reist, hat sich an der Spitze der Kirche ein Wechsel vollzogen. Papst Johannes XXIII. war am 3. Juni 1963 einem Krebsleiden erlegen. Am nächsten Tag hatte Professor Ratzinger in Münster seine Vorlesungspapiere zur Seite gelegt und den Verstorbenen in freien Worten gewürdigt, was bei den Studenten einen bleibenden Eindruck hinterließ. Menschlich schien Giovanni Battista Montini (1897-1978), der als Papst den Namen Paul VI. annahm, recht verschieden von seinem Vorgänger, wie sich Ratzinger erinnert:

> »Es war interessant, Papst Johannes zu sehen, vollkommen charismatisch, der aus der Eingebung des Augenblicks und in der Nähe zum Volk lebte, und auf der anderen Seite Papst Paul VI. zu finden, einen Intellektuellen, der über alles mit einer unglaublichen Ernsthaftigkeit nachdachte.« Dennoch »verkörperte (er) für uns die Kontinuität des Konzils, im Geiste des Papstes Johannes.«[103]

Nachdem das Schema über die göttliche Offenbarung vertagt worden war, standen nun die Liturgie-Konstitution und das Schema über die Kirche im Mittelpunkt der Beratungen. Als Mitglied der entsprechenden Unterkommission war Ratzinger an der Formulierung der Lehre von der bischöflichen Kollegialität beteiligt (Lumen Gentium 22-27), bei der er aus dem Material seiner Doktorarbeit schöpfen konnte und besonders den Gedanken von der Kommuniongemeinschaft der Teilkirchen herausstellte.[104] Für ihn war klar, dass »Kirche« weit mehr als eine Organisation von Glaubenden meint. Kirche ist »Zeichen«, Sakrament des Heils, in dem sich das Sichtbare der menschlichen Geschichte mit dem Unsichtbaren des göttlichen Wirkens berührt. Kirche, so schreibt er in seinem Rückblick auf die zweite Konzilsperiode, »ist wie ein Fenster«, dessen Zweck es ist, durchsichtig zu bleiben »ins Größere«.[105]

Diese Vision der Kirche als einer Gemeinschaft von Glaubenden und Liebenden, die in ihrem Sein und Handeln durchsichtig bleibt auf die Güte und Menschenfreundlichkeit Gottes, hat Ratzinger immer begleitet. Kirche ist für ihn, auf eine Formel gebracht, Volk Gottes vom Leib Christi her, und wie bei einem Leib mit vielen Gliedern gibt es unterschiedliche Weisen der Zugehörigkeit zu jener Kirche, die in Christus eins ist. Die Einheit der Kirche, so schreibt er 1964, besteht in einer Vielfalt von »Gottesversammlungen, die ... eins sind ... nicht nur durch irgendwelches gemeinsame Wollen, sondern eins in der Konkretheit des miteinander geteilten Wortes und Leibes Jesu Christi«.[106]

Gemeinsam mit Kardinal Frings pflegt Ratzinger darum auf dem Konzil auch den Kontakt mit den Beobachtern der anderen christlichen Konfessionen. Er wird von den Evangelisch-Theologischen Fakultäten in Heidelberg, Bonn und Zürich zu Vorträgen eingeladen und schließlich in den Ökumenischen Arbeitskreis des Johann-Adam-Möhler-Instituts in Paderborn aufgenommen, dessen Mitglied er bis heute geblieben ist.[107]

Eine Besonderheit während der zweiten Konzilsperiode war der Besuch einer kleinen Gruppe früherer Studenten und Studentinnen Ratzingers aus Bonn. Zwischen den Sitzungen nahm sich der Peritus auch Zeit für sie. Eine Teilnehmerin schreibt:

> »Gut erinnere ich mich an die paar Begegnungen mit unserem Professor auf der Piazza Navona am Abend, auf die wir immer sehr gespannt waren, weil wir etwas über die Geschehnisse des Tages erfuhren.«[108]

Die Fähigkeit von Professor Ratzinger, die immer längeren und verzweigteren Konzilsdiskussionen zu überblicken und die offenen Fragen zu bündeln, spricht sich in Rom schnell herum. Mehrfach wird er ins dortige Pressezentrum eingeladen, um deutschen Journalisten wichtige Zwischenergebnisse der Konzilsarbeit vorzustellen. Bereits im ersten Band der viel gelesenen Konzils-Dokumentation des Schweizer Jesuiten Mario von Galli findet sich eine Fotografie von ihm und daneben folgender Text:

> »Prof. Ratzinger, Konzilsberater und Begleiter von Kardinal Frings, war wegen seiner Klarheit und Bescheidenheit ein hochge-

Vor dem Heimflug nach Deutschland am Ende der zweiten Konzilsperiode, Rom-Fiumicino, Dezember 1963.

schätzter Referent in Zentren und bei Bischofskonferenzen.«[109]

Allerdings nimmt Ratzinger zur medialen Berichterstattung über das Konzil schon 1964 eine kritische Haltung ein, da die Journalisten dazu neigen, die komplexen Sachverhalte auf Schlagwörter zu reduzieren und damit der Öffentlichkeit den Eindruck vermitteln, die Konzilsaula zerfiele in verschiedene »progressive« und »konservative« Parteien, die einander bekämpften.[110]

Dieser Eindruck wird noch verstärkt durch einzelne Konzilstheologen, die ihre eigenen Interessen und Forderungen vor der Presse als die Absichten und Ziele der Konzilsväter ausgeben. Dies ist wohl der Grund dafür, dass die Periti in Ratzingers Konzilsrückblick erstaunlich schlecht wegkommen und wegen ihres »theologischen Perfektionismus«, ihrer »festgefügten Fragen und Antworten« und ihrer fehlenden pastoralen Umsicht getadelt werden.[111]

Für Ratzinger – und das unterscheidet ihn von manch einem seiner Kollegen auf der Berater-Tribüne des Petersdoms – bestimmt im Letzten nicht der Kampf um Macht oder theologischen Einfluss das Konzil, sondern das gläubige Ringen um die Botschaft von Gottes Reich und ihre uneingeschränkte Verwirklichung in der Welt von heute.

Die »Schwarze Woche« des Konzils (3. Konzilsperiode)

In der dritten Periode, die vom 14. September bis zum 21. November 1964 dauert, tritt das Konzil in eine kritische Phase ein. Manche Kräfte haben sich verselbständigt, bis auf die Liturgie-Konstitution ist noch kein einziger Text verabschiedet, die Zeit drängt. Im September arbeitet der Peritus aus Münster für Kardinal Frings ein Votum zur Erklärung über die Juden aus[112], im Oktober einige theologische Leitsätze zum Missionsdekret.[113] Neben dem französischen Dominikaner Yves Congar (1904-1995) dürfte Ratzinger derjenige gewesen sein, der durch seine theologische Grundlegung im ersten Kapitel des Missionsdekrets »Ad gentes« diesem Dokument »eine neue Richtung gewiesen« hat.[114] Im Frühjahr 1965 tagte die Konzilskommission »De missionibus« im Haus der Steyler Missionare in Nemi bei Rom und gab dem Missionsdekret seine Endgestalt. Fast 50 Jahre später hat Papst Benedikt XVI. das Haus noch einmal besucht und auf die damalige Tagung zurückgeblickt,

Während des Konzils mit Pater Yves Congar OP.

die für ihn »vielleicht die schönste Erinnerung des gesamten Konzils« gewesen sei. »Ich wohnte im Zentrum von Rom, im Kolleg ›Santa Maria dell' Anima‹, mit all dem Lärm ... Aber hier im Grünen zu sein, diese Natur zu atmen und auch diese frische Luft, war bereits etwas Schönes. Und dann war ich in Gesellschaft vieler großer Theologen, mit einem so wichtigen und schönen Auftrag, ein Dekret über die Mission vorzubereiten ... So ist in jenen Tagen ein schönes und gutes Dekret entstanden, das von allen Konzilsvätern fast einstimmig angenommen wurde. Für mich ist es auch eine sehr gute Ergänzung von ›Lumen Gentium‹, denn wir finden darin eine trinitarische Ekklesiologie ... Die Güte selbst ist in ihrem Wesen ›communicatio‹. Und das scheint bereits im Geheimnis der Dreifaltigkeit auf, im Inneren Gottes, und es verbreitet sich in der Heilsgeschichte und in unserer Notwendigkeit, anderen das Gute zu geben, das wir empfangen haben. So ... habe ich oft an diese Tage von Nemi gedacht, die für mich wie gesagt ein wesentlicher Teil der Konzilserfahrung sind.« Während dieser Tagung notiert Pater Congar eine kurze Charakteristik seines deutschen Kollegen in sein Konzils-Tagebuch. Am 31. März 1965 schreibt er: »Zum Glück haben wir Ratzinger! Er ist vernünftig, bescheiden, unparteiisch und sehr hilfsbereit.«[115] – Es sind also auch die menschlichen Qualitäten, die sich in wochenlangen Sitzungen und Debatten herauskristallisieren und den Stellenwert eines einzelnen Theologen untermauern. Eine Vorlage Ratzingers zu den Schlusskapiteln von »Lumen Gentium« über die Gottesmutter Maria, auf die sich Kardinal Frings bei seinen Ausführungen am 18. September 1964 stützen kann, fällt so überzeugend aus, dass sich jene Bischöfe, die noch für ein eigenes Marien-Schema plädieren, rasch umstimmen lassen und das Kirchenschema im November 1964 mit überwältigender Mehrheit angenommen wird.

Gleichzeitig hat sich Papst Paul VI., beeinflusst durch die Interventionen einer konservativen Gruppe von Konzilsvätern, in die laufende Debatte eingeschaltet und dem Schema eine eigene »Ausführungsbestimmung« (die so genannte »Nota praevia explicativa«) vorangestellt.[116] Darin wird besonders das Verhältnis von Papst und Bischofskollegium geklärt: Der Papst kann rein rechtlich gesehen als Nachfolger Petri, des Ersten der Apostel, auch ohne das Bischofskollegium seine Vollmacht zu lehren und zu leiten, ausüben, das Kollegium der Bischöfe aber niemals ohne den Papst. Weniger der Inhalt der Nota war das

Überraschende als vielmehr die Art und Weise, wie Papst Paul VI. einem bereits beschlossenen Text ein eigenes Schreiben voranstellte, das alle Konzilsväter akzeptieren mussten, wenn sie nicht »Lumen Gentium« insgesamt ablehnen wollten. In derselben Woche gab die Konzilsmehrheit das Dekret über den Ökumenismus und über die Religionsfreiheit den Kommissionen zur Überarbeitung zurück, und der Papst verlieh Maria den für manche protestantische Ohren anstößigen Titel »Mutter der Kirche«. Die Presse sprach von der »Schwarzen Woche«, da in ihr die hoch gesteckten Erwartungen der »Progressiven« ziemlich herb enttäuscht worden waren.

Der Mythos der »großen Wende«

Die Art und Weise, in der Joseph Ratzinger mit den Ereignissen der »Schwarzen Woche« und ihren Auswirkungen umging, gibt einen äußerst wichtigen Hinweis für das Verständnis seiner theologischen Position nach dem Konzil. Sein erster schriftlicher Kommentar dazu spricht ganz ungeschminkt von der »großen Ernüchterung«[117], die sich unter den Konzilsvätern breit machte, da sie ihre anfangs gegenüber der Kurie errungene Freiheit wieder schwinden sahen. Der Peritus bemüht sich zwar, das Anliegen des Papstes zu würdigen, das in der »Versöhnung der Streitenden« und einer größeren »Eintracht des Bischofskollegiums« bestanden habe.[118] Worte wie »Unterwerfung«, »desillusionierend«, »Resignation« sowie die Beschwörung der »Hoffnung« und der »Geduld«[119] decken aber doch die ernste Besorgnis auf, die die »Schwarze Woche« in der Konzilsaula auch bei ihm ausgelöst hat.

In einem Kommentar zur »Nota praevia«, den Ratzinger ein Jahr später veröffentlicht, sind diese emotionalen Wertungen verschwunden, stattdessen wird die sachliche Berechtigung der päpstlichen Weisung ausführlich begründet.[120] Indem sich der Theologe an diesem kritischen Punkt des Konzils dem Nachfolger Petri zum Gehorsam verpflichtet weiß und dessen Position stark macht, wechselt er ohne Absicht die Fronten, die sich in der medialen Berichterstattung und zunehmend auch unter den Konzilsteilnehmern gebildet haben.

Fortan gilt Ratzinger als Parteigänger der Kurie und des Papstes, während viele Theologen aus dem frankophonen und deutschsprachigen Raum nun bewusst eine eigene, anti-römische Strategie verfolgen, um das Konzil doch noch in ihrem Sinn zu beeinflussen und die Kirche der modernen Welt anzunähern. Darum spricht einiges für die These von Hansjürgen Verweyen, dass sich die so genannte »Wende« des Konzilstheologen Joseph Ratzinger nicht 1966 vollzog, als er die Umsetzung des Konzils in der deutschen Kirche erlebte und kritisch hinterfragte, oder gar erst 1968 in Tübingen, als er mit der Ideologie der Studentenbewegung konfrontiert wurde, sondern bereits zwischen der dritten und vierten Konzilssession.[121] Außerdem wird klar, dass Ratzingers Beweggrund für seine Hinwendung zur Autorität des Papstes nicht in einem vordergründigen Opportunismus lag, wie ihn Hans Küng und die ihm folgenden »kritischen Biografen« unterstellen[122], sondern vielmehr die innere Konsequenz war aus einer »Unterscheidung der Geister« als der Besinnung auf die eigene Lebensbindung an Christus und seine Kirche.

Diese innere Folgerichtigkeit gibt Ratzinger die Gewissheit, sich damals selbst treu geblieben zu sein, auch wenn es einigen von außen so erscheint, als sei aus dem »Progressiven« plötzlich ein »Konservativer« geworden. In »Salz der Erde« betont der Kardinal, dass, auch wenn »sich Akzente meines Denkens verwandelt und entwickelt haben«, »mein Grundimpuls, ... unter den Verkrustungen den eigentlichen Glaubenskern freizulegen und diesem Kern Kraft und Dynamik zu geben«, immer derselbe geblieben sei.[123] Insofern nennt Verweyen die These von der »großen Wende« seines Lehrers Ratzinger zu Recht einen »Mythos«, der den tatsächlichen Vorgängen wenig Rechnung trägt. Ratzinger war nie »progressiv« oder »konservativ« im eigentlichen Sinn, sondern hat aus einem »mystischen Glaubensbewusstsein«[124] heraus Tradition und Fortschritt, Geschichte und Gegenwart miteinander zu verbinden versucht. Sein Denken war nie »zeitgemäß«[125], ebenso wenig wie der christliche Glaube einfach in Zeitgemäßheit aufgeht, sondern immer eine Herausforderung bleibt.

Die Ernte des Konzils (4. Konzilsperiode)

Noch stürmischer als bei der dritten Konzilsperiode geht es bei der vierten und letzten zu, die vom 14. September bis zum 8. Dezember 1965 dauert. Neben der Verabschiedung einer ganzen Reihe von Texten steht die Diskussion um das sogenannte Schema XIII »Die Kirche in der Welt von heute« im Mittelpunkt. Frings[126] ist mit dem vorliegenden Text ebenso unzufrieden wie Ratzinger.[127] Zwar wird in diesem vor allem von französischen Theologen formulierten Schema eine personale, geschichtliche Sicht von Welt und Mensch vertreten, die auch Nicht-Christen zur Auseinandersetzung einlädt. Aber es bleibt unklar, was der Text eigentlich unter »Welt« versteht und damit auch unter »Geschichte«, »Fortschritt« und »Erlösung«. Genügt die Welt, so wie der Mensch sie vorfindet und gestaltet, sich selbst? Wo hat Gott seinen Platz: in der Welt – über ihr – oder außerhalb von ihr? Ratzinger kritisiert vor allem, dass der technisch-zivilisatorische Fortschritt und die christliche Heilsgeschichte im »Pathos einer voreiligen Modernität«[128] miteinander identifiziert würden, sodass die Gefahren des Fortschritts einerseits und die Notwendigkeit von Umkehr und Versöhnung durch den Kreuzestod Jesu Christi andererseits fast aus dem Blick gerieten.[129] Über all das ausführlicher zu sprechen, fehlt den Konzilsvätern schlicht die Zeit und die innere Gelassenheit der Anfangsphase.

So wird das Schema XIII unter dem Titel »Gaudium et Spes« trotz aller Bedenken am 7. Dezember 1965 verabschiedet, und es lässt sich nicht leugnen, dass einige Auseinandersetzungen der Nachkonzilszeit auf die fehlende sprachliche wie inhaltliche Reife dieses Textes zurückgehen. – Eine schöne Abwechslung inmitten der heftigen Diskussionen der letzten Konzilsperiode bot ein Besuch der Regensburger Domspatzen in der Ewigen Stadt. Georg Ratzinger berichtet davon:

> »Ich habe damals mit den Jungen im Kolpinghaus gewohnt und von dort aus die Stadt besichtigt. Höhepunkte des Aufenthalts waren natürlich die Auftritte, die uns mein Bruder vermittelt hat: wir haben im Angelicum gesungen, in der Anima bei einem Pontifikalgottesdienst und bei der Hl. Messe vor Beginn einer Konzilssitzung im Petersdom, das war ein unvergessliches Erlebnis.«

Trotz solcher Unterbrechungen fordern die langen Sitzungen und Abstimmungen der letzten Konzilswochen alle Teilnehmer bis an die Grenzen ihrer Belastbarkeit. Ratzinger selbst fühlt sich »nach den Überforderungen der Konzilszeit«[130] gesundheitlich angeschlagen. Wer Fotos aus dieser Zeit sieht, glaubt ihm sofort: Der Professor wirkt sehr schlank, das Haar ist schlohweiß geworden, die Augen liegen tief in den Höhlen und blicken müde.

Am 8. Dezember 1965 versammeln sich noch einmal alle 2200 Konzilsväter, mehr als

400 Berater, die Vertreter anderer Konfessionen sowie 89 Delegationen der Weltstaaten zur Abschlusszeremonie auf dem Petersplatz. Während die Feier auf den nüchternen Kardinal Frings »einen etwas theatralischen Eindruck« macht[131], zeigt sich sein Peritus bewegt vom »Geist freudiger Dankbarkeit«:

> »Eine fast übermütige Stimmung der Freude wurde spürbar, als sich am Ende alle umarmten und den Kuss des Friedens zum Abschied gaben.«[132]

Wahre oder falsche Erneuerung?

In Münster, wohin Ratzinger nach der letzten Konzilssession im Dezember 1965 zurückkehrte, war das kirchliche Leben in Bewegung geraten. In seinen Erinnerungen schreibt er: »Von Mal zu Mal fand ich, aus Rom zurückkehrend, die Stimmung in der Kirche und unter den Theologen aufgewühlter. Immer mehr bildete sich offenbar der Eindruck, daß eigentlich nichts fest sei in der Kirche, daß alles zur Revision stehe.«[133]

Die einfache Tatsache, dass das Konzil für alle, die es miterlebt hatten, eine ungeheuer begeisternde und befreiende Erfahrung darstellte, begünstigte eine Art »Schwarz-Weiß-Malerei«[134]: Wenn die konziliare Kirche und Theologie so »gut« war, dann musste die vorkonziliare doch weniger gut gewesen sein, weniger befreiend, weniger zeitgemäß. »Vorkonziliar« wurde nun schnell zum Schimpfwort, das keine weitere historische Differenzierung mehr zuließ. Jede bisher geltende Lehre, jede Frömmigkeitsform, jedes moralische Gebot kam auf den Prüfstand. Bestehen konnte nur, was »dem Menschen von heute« noch zumutbar schien – und das war nicht allzu viel. Statt das Konzil wirklich ernst zu nehmen und auf seiner Grundlage den christlichen Glauben sich selbst und anderen neu zu erschließen, hat die nachkonziliare Situation auf Ratzinger bald wie eine »Verwässerung und Verbilligung«[135] gewirkt, wie eine »Demontage des Christlichen unter dem Deckmantel der christlichen Erneuerung«[136], bei der zuweilen jedes Maß verloren ging.

In den Monaten nach Konzilsende nutzt der Münsteraner Dogmatiker deshalb die sich ihm bietenden Gelegenheiten, um seiner Sorge um das richtige Verständnis und die Umsetzung des Konzils Luft zu machen.

Im Januar und Februar 1966 gibt er in jeweils einstündigen Vorlesungen am Donnerstagabend im Hörsaal F1 einen »Rückblick auf das Konzil«, in dem er ganz sachlich analysiert, welche »treibenden Kräfte« die Konzilsdiskussion bestimmt haben, was von der Kirchengeschichte her das Wesen eines Konzils ausmacht und wie gerade im umstrittenen Text von »Gaudium et Spes« die Grundabsicht der Versammlung, Christus der Welt von heute nahe zu bringen, zum Tragen kommt.[137]

Im Rahmen einer Ringvorlesung spricht er im Sommersemester 1966 über »Weltoffene Kirche? Überlegungen zur Struktur des Zweiten Vatikanischen Konzils«[138] und stellt darin fest, dass das Christentum in Europa auf »eine radikale Minderheitssituation« zugehe und deshalb weder die Konservativen noch die Progressiven, sondern die Missionare die Christen der Zukunft sein werden.[139]

Auf dem Deutschen Katholikentag in Bamberg überrascht er am 14. Juli 1966 mit seiner Rede über den »Katholizismus nach dem Konzil«[140] selbst seinen Heimatbischof, den Münchner Kardinal Julius Döpfner (1913-1976), der nun einen »konservativen Streifen« an ihm festzustellen meint.[141] Ratzinger selbst spricht von einem »erste(n) Warnsignal«, das er dort geben wollte, »das aber kaum beachtet wurde«.[142]

Schon ein Jahr zuvor war er in Münster von dem bekannten Studentenpfarrer Hans Werners (1914-1995) eingeladen worden und hatte am 18. Juni 1965 in der Katholischen Hochschulgemeinde über »wahre und falsche Erneuerung in der Kirche« gesprochen.[143] Als Präfekt der Glaubenskongregation wird er von »zwei Arten von Reform«[144], als Papst von den »zwei Hermeneutiken des Konzils« sprechen.[145] Mit dieser Gegenüberstellung scheint das Grundproblem der Kirche nach dem Konzil auf den Punkt gebracht. Die Kirche sollte sich erneuern, dazu war einiger Bedarf, und schließlich gehört Erneuerung immer zum Wesen des Christseins und der Kirche dazu, wie Ratzinger unmissverständlich herausstellt. In welche Richtung sich aber die Situation in der deutschen Kirche im Allgemeinen und in Münster im Besonderen entwickelte, deutet der Referent von 1965 mit zwei Beispielen aus der Kirchengeschichte an. Er spricht von der Gnosis in Korinth zur Zeit des Apostels Paulus, in der sich »christliche() Freiheit« in »eigenmächtige Reformiererei« verkehrt habe; und vom »chaotische(n) Schwärmertum« zur Zeit Luthers, das »selbst in einer so besonnenen Stadt wie Münster« Fuß fasste und die Sekte der Wiedertäufer für kurze Zeit an die Herrschaft brachte.[146]

Welche Kritik versteckt Ratzinger hinter diesen Anspielungen? Dazu Hansjürgen Verweyen, der damals selbst in Münster studierte:

> »Sie (= die versteckte Polemik, M.S.) umschrieb … recht treffend den dezenten Hauch atheistischer Ideen Blochscher Prägung, mit dem sich damals Johannes Baptist Metz … umgab.«[147]

Johann Baptist Metz versuchte Mitte der Sechzigerjahre ebenso wie sein evangelischer Kollege Jürgen Moltmann (*1926), das Werk des marxistischen Philosophen Ernst Bloch für eine »Theologie der Hoffnung« (Moltmann) bzw. »Theologie der Welt« (Metz) fruchtbar zu machen. In der Münsteraner Hochschulgemeinde trafen Anhänger der existenzialen Interpretation des Evangeliums nach Bultmann, Sympathisanten des Kommunismus und Studenten aus dem liberalen Nachbarland, den Niederlanden, zusammen. Ihnen versuchte Ratzinger mit einigen historischen Beispielen die beiden Grundtypen falscher Erneuerung im Glauben aufzuzeigen: das Erstarren in der eigenen Überlieferung und das Auflösen dieser Überlieferung, um sich der Welt anzupassen. Wahre christliche Erneuerung hingegen führe zu einer neuen »Einfachheit«[148], die ohne Furcht und Zittern den Menschen dieser Zeit die ebenso erschütternde wie beglückende Botschaft vom Reich Gottes bezeuge und in ihnen so wieder den »Geschmack für das Göttliche« wecke.[149] Ratzingers prophetische Worte verhallten damals ungehört. Im Grunde nahm er in seinen Beiträgen schon die Idee der Neuevangelisierung vorweg, mit der Papst Johannes Paul II. die Kirche ins dritte Jahrtausend senden würde.

»Jahre der Reife«

In den Jahren des Konzils, so lässt sich zusammenfassen, ist aus dem relativ unbekannten deutschen Universitätsprofessor Joseph Ratzinger ein weltweit bekannter und geschätzter Lehrer der kirchlichen Erneuerung geworden. Die Kontakte zu anderen Theologen, die sich auf dem Konzil ergaben, werden ihn fortan begleiten. Mit einigen von ihnen wird er später die Zeitschrift »Communio« gründen. Die intensive Zusammenarbeit mit Kardinal Frings hat ihm eine erste Vorstellung davon gegeben, wie man Theologie und Bischofsamt, Wissenschaft und Hirtendienst miteinander verbinden könnte – eine Aufgabe, vor der er selber in nicht allzu ferner Zukunft stehen wird. An den Herausforderungen des Konzils ist er wie wenige seiner Generation menschlich und geistlich gereift[150] und hat in Zustimmung und Widerspruch seine Theologie aus der Mitte der Kirche heraus vertieft und entfaltet.

Mit Georg Ratzinger in Rom, Oktober 1965.

In Rom 1964.

5. »Er hat uns den Geschmack an der Theologie vermittelt«

Joseph Ratzinger als Lehrer der Theologie

Eingebettet in die Arbeit am Lehrstuhl für Dogmatik und Dogmengeschichte und die Mitgestaltung des Zweiten Vatikanischen Konzils wirkte Professor Ratzinger von April 1963 bis Juli 1966 in Münster als Lehrer der Theologie. Die Art, seine Vorlesungen und Seminare zu gestalten, war so aufregend und inspirierend, dass selbst Studenten, die spätere Äußerungen ihres Lehrers kritisch betrachten, mit großer Begeisterung und Dankbarkeit daran zurückdenken. Ehe näher auf einzelne Lehrveranstaltungen eingegangen wird, gehört das Wort darum den Hörern von damals. Einige Priester des Bistums Münster sind darunter, aber auch eine Religionslehrerin und eine Ordensfrau.

Erinnerungen seiner Hörer

»Ich kam aus dem Freisemester in München zurück und hörte Ratzinger drei Semester lang über Eucharistie, Schöpfungslehre und Ekklesiologie. Er hatte die große Fähigkeit, komplizierte Dinge einfach zu sagen, so dass wir als Studenten geistig mitgehen konnten. Er war menschlich bescheiden, hielt zum Beispiel unsere Dogmatik-Prüfung im Musikzimmer über dem Speisesaal ab, dem kleinsten Raum im Borromaeum. In den Prüfungen war er aber durchaus anspruchsvoll.«

»Was er sagte, war für mich befreiend. Er hat uns den Geschmack an der Theologie vermittelt. Was auffiel, war der Kontrast zwischen seinem unscheinbaren Äußeren und dem, wie er sprach: mit einer unheimlichen Präsenz und Souveränität. Auf seinem Gesicht konnte man ablesen, was in ihm geistig vorging.«

»Er sprach einfach, zwingend, fesselnd. Man sollte ihm gedanklich folgen. Es ging ein Sog von ihm aus. Nach den Vorlesungen brauchte ich einige Zeit, bis ich wieder zu mir kam.«

»Seine Vorlesungen hat er oft mit einer Geschichte aus der Vätertheologie begonnen, mit Augustinus oder Ambrosius. Seine Bilder haben sich mir eingeprägt. Die Eucharistie erklärte er uns zum Beispiel mit dem Verhältnis von Korpuskel und Welle aus der Relativitätstheorie – wo hat man sonst so etwas gehört?«

»Mein Pfarrer hat zu mir gesagt: ›Bring mir jede Vorlesungs-Mitschrift von Ratzinger mit, das ist das, was ich brauche.‹«

»Er hatte eine meditative Art bei seinen Vorlesungen und bezog das Echo der Hörer bewusst mit ein. Es gelang ihm, die Theologie der Kirchenväter so zu vermitteln, dass sie die Leute wirklich erreichte. Er hatte ein vom Ursprung der Kirche herkommendes Denken.«

»Es war ein großes Erlebnis für mich, diesen Professor Ratzinger so nah zu erleben, auch bei Unternehmungen im Münsterland und während des Aufenthaltes mit einer Studentengruppe aus Bonn zur Eröffnung der Sessio II des Vatikanischen Konzils. Eine sehr gute und zukunftsweisende Theologie lernten wir bei ihm, die mich bis heute trägt in allem, was ich in meinem Umfeld beitrage.«

»Der Religionsunterricht meiner Schulzeit war nicht gerade zukunftsweisend; vor allem war uns, die wir mit der Theologie begannen, der Zugang zur Bibel ziemlich fremd; die Beschäftigung mit der Bibel war im Kirchenvolk etwas ›Evangelisches‹. Aber jetzt stand da ein Professor, der in faszinierender Weise seine Theologie an die Bibel, besonders das Neue Testament anband, und so weckte er, der Dogmatiker, die Liebe zur Bibel.«

»Seine Theologie hat mich immer wieder vor das Geheimnis Gottes geführt. Oft habe ich seine Texte weggelegt und bin in die Kapelle gegangen, um zu beten. Seine Sprache hat uns in der Tiefe berührt. Wenn ich zusammenfassen sollte, was ich

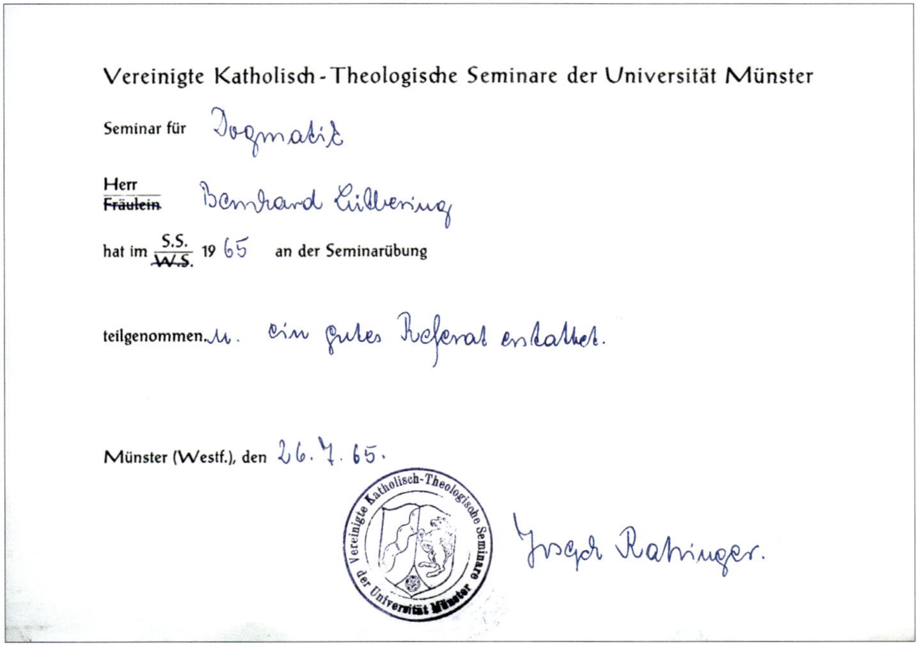

Vereinigte Katholisch-Theologische Seminare der Universität Münster

Seminar für Dogmatik

Herr ~~Fräulein~~ Bernhard Lüllwering

hat im S.S. ~~W.S.~~ 19 65 an der Seminarübung

teilgenommen. u. ein gutes Referat erstattet.

Münster (Westf.), den 26. 7. 65.

Joseph Ratzinger.

von Ratzinger gelernt habe, dann wäre es der Satz: ›Du sollst Gott lieben mit deinem ganzem Herzen, mit deinem Verstand und deinem Denken, und mit ganzer Seele.‹«

»Wenn es mir irgendwie möglich war, bin ich in seine Vorlesung gegangen. Ich habe mich ganz hinten noch reingequetscht, weil alle Plätze belegt waren. Ich habe das nie wieder erlebt: obwohl so viele Menschen da waren, hattest du das Gefühl, dass er nur zu dir spricht!«

»Während andere Professoren ihre Theorien entfalteten, hat Ratzinger eher Geschichten erzählt. Er machte uns hellhörig für die biblische Botschaft, dass wir unser Tun am Tun Jesu ausrichten müssen. Durch diese biblische Orientierung wirkte das, was er uns Neues beibrachte, nicht avantgardistisch, sondern plausibel und in gewisser Weise fromm.«[151]

Ein Grundzug von Ratzingers Lehrveranstaltungen in Münster ist, dass sie »konziliare Theologie« sind im vollen Umfang des Wortes. Sie stehen ebenso in inhaltlicher wie in atmosphärischer Verbindung zu seiner konkreten Arbeit als Konzilstheologe in Rom. Gianni Valente schreibt dazu ganz richtig:

»Die Stimmungen und Entwicklungen, die (er) auf dem Konzil wahrnimmt, wirken in den Vorlesungen … nach. Seine Lehr- und Forschungstätigkeit wird beeinflußt von den Erwartungen und Fragen, die zu der Zeit in der ganzen Kirche lebendig sind … Gerade diese Verknüpfung zwischen der normalen Lehrtätigkeit und seinem … Einsatz an der konziliaren Front macht die wenigen Jahre … in Münster … so einzigartig.«[152]

Auch in seiner Art, Theologie zu betreiben, versucht Ratzinger, die Intention des Konzils umzusetzen, nämlich die Quellen des Glaubens für die Fragen von heute aufzuschließen. Dazu bereitet er die Glaubenslehre in einer dynamisch-geschichtlichen Interpretation auf, die den Menschen existenziell anzusprechen vermag, dabei aber immer an das kirchliche Leben zurückgebunden bleibt. Vinzenz Pfnür fasst seinen Eindruck von den Vorlesungen seines Lehrers folgendermaßen zusammen:

»(Ratzinger) ging aus von den Fragen der Zeitsituation in Gesellschaft und Theologie … und nahm die Studenten mit auf den Weg der Suche nach der Wahrheit: durch klare Analysen, Aufzeigen von Alternativen und Befragung der theologischen Tradition als Bezeugung der Wahrheitssuche der Menschen und Christen vor uns. Im Unterschied zu anderen, die jeweils mit dem neuesten Trend mitschwammen, oder jenen, die grundsätzlich in Opposition standen zum vorherrschenden Neuen, verband er Offenheit und kritische Eigenständigkeit und durchdachte ... die Sachfragen auf ihre Tiefendimension und ihre Konsequenzen. In der Münsteraner Zeit gab es unter den Professoren der Katholischen Fakultät keinen, der mehr Hörer, auch über die Grenzen der Theologie hinaus, ... anzog.«[153]

O-Ton Ratzinger

Für den Inhalt von Ratzingers Vorlesungen in Münster sind wir nicht bloß auf die Erinnerung von Zeitzeugen angewiesen, sondern können den »Original-Ton« weitgehend selbst mitverfolgen. Da der junge Dogmatiker seine Studenten begeisterte, wollten sie seine Ausführungen natürlich festhalten und noch einmal in Ruhe nachlesen. Ratzinger aber sprach in der Regel frei. Dank eines fotografischen Gedächtnisses und einer außergewöhnlichen Redebegabung konnte er anhand einiger Notizen eine Stunde oder länger auswendig vortragen und seine Gedanken so in einem inneren Dialog mit seinen Zuhörern ausführen. Aufgrund dieser Besonderheit taten sich seine wissenschaftlichen Hilfskräfte Angulanza und Pfnür oder Studenten im Borromaeum zusammen, schrieben die Vorlesungen mit, ließen sie auf Wachs-Matrizen abtippen und zogen diese dann durch das damalige Kopiergerät. Bei bis zu 800 verkauften Exemplaren pro Semester ein einträgliches Geschäft!

Die überlieferten Mitschriften, »Klätsche« genannt, haben für die Beschäftigung mit der frühen Theologie Ratzingers eine eingeschränkte und doch wesentliche Bedeutung. Eingeschränkt, weil sie weder vom Autor noch von seinen Assistenten durchgesehen und autorisiert worden sind und man bei einzelnen Vorlesungen, von denen verschiedene Mitschriften existieren, auch Abweichungen feststellen kann. Sie sind ihrem Charakter nach nur für die tatsächlichen Hörer der damaligen Vorlesungen bestimmt und daher als Ausgangspunkt für objektiv-wissenschaftliche Fragestellungen ungeeignet. Wesentlich bleibt ihre Bedeutung dennoch. Wegen seiner Überbelastung während des Konzils, der vielen Umbrüche nach dem Konzil und der relativ frühen Bischofs- und Kardinalserhebung hat Joseph Ratzinger nur einen Bruchteil seines Werks ausarbeiten können. Zwar umfasst die bereits laufende Werkausgabe seiner »Gesammelten Schriften« 16 umfangreiche Bände, doch das meiste darin sind relativ kurze Essays, Artikel, Predigten, Interviews oder Geleitworte. Die Vorlesungen hingegen sind systematisch erarbeitet und geben so Einblick in den Zugang Ratzingers zu einer theologischen Fragestellung: Wie geht er das Thema an? Wie baut er den Gedankengang auf? Wie verbindet er die dogmengeschichtliche Darstellung mit den Fragen der Gegenwart? Worin unterscheidet sich die Vorlesung von späteren Äußerungen zu diesem Thema?

Aus der Vielfalt des in sieben Semestern Besprochenen und Behandelten werden im Folgenden drei Schwerpunkte herausgegriffen, die Ratzingers theologisches Profil im Spiegel seiner Münsteraner Lehrveranstaltungen erkennen lassen.

»Die Annahme der Wahrheit seiner selbst im Lichte Gottes«

In seinen ersten beiden Semestern in Münster gibt Professor Ratzinger eine »Einleitung in die Dogmatik« für das Grundstudium.[154] Den Stoff dazu hat er sich wohl schon in Bonn erarbeitet, wo er im Rahmen der Fundamentaltheologie auch über Theologische Erkenntnislehre und Offenbarung zu sprechen hatte. Wer sich mit Theologie beschäftigt, so führt er nun aus, der setzt sich einer dreifachen Wirklichkeit aus: dem *Wort Gottes* – d.h. einem Glauben, der aus einer langen Geschichte auf mich zukommt, dem *Hören* – d.h. der Aktualisierung und Aneignung des übernommenen Glaubens im eigenen Leben, und der *Kirche* – d.h. der Gemeinschaftlichkeit des Glaubens, hinter die ich nicht zurück kann.[155]

Ziel des Studiums ist es, Wahrheit und Liebe zu Gott, Wissenschaft und Frömmigkeit gleichzeitig anzustreben. Es bedarf einer »persönlichen Betroffenheit«[156], einer wirklichen Hinwendung zu Gott, der mich als seinen Bundespartner, als Freund und Jünger ruft. Das Wissen um Gott hat für Ratzinger immer eine existenzielle Tiefendimension, die den ganzen Menschen einfordert. Theologie zu studieren heißt mehr und mehr die »Annah-

Hörsaal F1 der Universität, Fürstenberghaus Münster.

me der Wahrheit seiner selbst im Lichte Gottes«[157], heißt, sich selber neu zu entdecken als den geliebten Freund des Gottes, der die Liebe ist. Darum kann auch der Inhalt des Glaubens nicht etwas Starres, Unhinterfragbares sein, sondern muss sich – wie Ratzinger mit sprachphilosophischen Überlegungen nachzeichnet[158] – weiterentwickeln, um weiterhin lebendige Überlieferung, »Entfaltung der Begegnung (der Menschheit mit Christus)« zu sein.[159]

Im zweiten Teil der Einleitung setzt er sich ausführlich mit der Frage der Inspiration der Schrift, ihrer Interpretation und ihrer Einheit auseinander. Hier fällt auf, wie ausführlich er die Positionen von Karl Rahner und Rudolf Bultmann behandelt, sie würdigt und von ihrer Kritik aus zu eigenen Lösungen findet. Manche haben aufgrund dieser Eigenart Ratzingers gesagt, seine Methode sei die der scholastischen Quaestio, eine bestimmte Form der Argumentation, die auf einer sorgfältigen Auseinandersetzung mit der gegnerischen Position aufbaut.[160]

»Sich-Angeredet-Wissen durch Gott«

Eines der beiden Hauptthemen Ratzingers in Münster ist die nähere Bestimmung des Offenbarungsbegriffs. Darüber hält er ein viel beachtetes Oberseminar, darüber spricht er schon in der »Einleitung« sowie in den Vorlesungen zum christlichen Gottesbild (Wintersemester 1963/64) und in der Schöpfungslehre (Sommersemester 1964).

Offenbarung ist das »Sich-Angeredet-Wissen durch Gott«[161] und damit ein durch und durch personaler Vorgang. Offenbart wird kein Wissen, sondern die freie göttliche Wirklichkeit taucht vor dem Menschen auf und will zu ihm in Beziehung treten. Damit es überhaupt einen Dialog zwischen Gott und Mensch geben kann, muss die Wirklichkeit als Ganze personal strukturiert sein. Das Letzte in Ratzingers Wirklichkeitsverständnis ist nicht die Substanz, sondern die Beziehung von Personen. Sein heißt: in Beziehung stehen zu dem, der – als dreifaltiger Gott – in sich Beziehung ist. Die Person ist die »Grundkategorie des Schöpfungsglaubens«[162], sagt er in der Schöpfungslehre, die er deshalb auch eng mit dem christlichen Menschenbild verzahnt. Ähnlich heißt es in seinen Ausführungen zur Trinitätslehre:

> »Gott ist Person, insofern er den Menschen zum Du, zum Partner werden lässt. Gott ist kein neutrales Schicksal, sondern ein Wesen, das Wort und Liebe ist und hat. Gott ist so, daß Beten Sinn hat, weil er hören kann; daß Lieben Sinn hat, weil er zuerst geliebt hat.«[163]

Zugleich ist Gott aber nicht an die Grenzen des menschlichen Personseins gebunden:

> »Gott ist so groß, daß er auch die Kleinigkeiten des Menschen umspannt; ihm ist auch das Kleine nicht verschlossen in der Sorge um das Große. Das Neue Testament nennt dies: der Logos ist Fleisch geworden. Der Sinn der Welt ist eingeschlossen in die Armseligkeit des Menschen.«[164]

Noch beim Lesen kann man sich vorstellen, wie aufwühlend diese Gedanken des Münsteraner Dogmatikers auf seine Studenten gewirkt haben. Denn hier spricht ein Wissender und ein Glaubender. Man kann ihm gleichsam beim Denken zusehen und wird von diesem Denken hineingezogen in jene lebendige Gottesbeziehung, die dieses Denken trägt. Und dann diese Formulierungen! »Seine Sprache«, sagt der Münchner Theologe Eugen Biser (*1918), »ist eine Synthese von Exaktheit und Dynamik, zielstrebig, lebendig, bildhaft, suggestiv.«[165] Kein Wunder, dass die Studenten in der Vorlesung manchmal die Zeit vergaßen und erst wieder langsam zu sich fanden, als die Stunde vorbei war.

Das Grundgesetz des neuen Gottesvolkes

Den zweiten Schwerpunkt von Ratzingers Lehrtätigkeit in Münster bildet das Selbstverständnis der Kirche. Zur Konzilskonstitution über die Kirche hält er im Sommersemester 1965 ein Oberseminar. Zur selben Zeit behandelt er das Thema in der Hauptvorlesung, deren Mitschrift mit 850 verkauften Exemplaren die begehrteste von allen ist; die Kopien werden in ganz Deutschland verschickt.[166]

Auf 271 eng bedruckten Seiten arbeitet Ratzinger sehr sorgfältig die exegetischen Fragen zum Verhältnis der Reich-Gottes-Botschaft Jesu zur späteren Kirche durch, erläutert die wichtigsten neutestamentlichen Bilder für Kirche wie »Volk« und »Haus Gottes«, »Leib« und »Braut Christi« und geht dann auf die konkreten Konzilsdiskussionen über die Ämter und Strukturen der Kirche ein.

Auch die Eucharistie-Vorlesung, die der Professor zweimal hält (Sommersemester 1963 und Wintersemester 1965/66), zählt zum Themenbereich »Kirche«. Denn für Ratzinger ist seit seiner Doktorarbeit klar, dass das, was bei der Heiligen Messe am Altar geschieht, nicht nur eine Erscheinungsweise kirchlichen Lebens darstellt, sondern das Wesen der Kirche selbst. So heißt es im Abschnitt über die Wandlungsworte (»...mein Blut, das für euch vergossen wird«):

> »Der Neue Bund beruht … auf dem ›Für‹ Christi. Er gründet nicht mehr auf einer gleichmäßigen Partnerschaft, sondern auf dem stellvertretenden Dienen des Herrn. Er gründet in der frei schenkenden Güte Gottes, die sich in Jesus Christus zum Menschen neigt und einfach für ihn da ist … Jesus interpretiert sich als der Knecht Gottes, der … Heil schafft für die Vielen. Wenn das neue Volk hier ein Grundgesetz erhält, dann nicht mehr das einer Gesetzesverpflichtung, sondern dasjenige einer Berufung, an Stelle des ›Gegeneinander‹, welches die Menschen kennzeichnet, in das ›Füreinander‹ einzutreten.«[167]

Das »Für uns« der Hingabe Christi in Leiden und Tod ist für Ratzinger der Wendepunkt des christlichen Lebens, sowohl in der eigenen Christusbeziehung als auch in der Beziehung der Christen untereinander. Ohne Sakramente, ohne Eucharistie verwandelt sich der alte Mensch nicht in den neuen, erlösten Menschen, er verharrt in seinem angeborenen Egoismus. Eucharistie, so heißt es schon ganz zu Anfang, ist das Sakrament des Auferstandenen, das Sakrament der Verwandlung. Es »besteht nicht in der Hingabe irgendwelcher Sachen, sondern ... in dem Herausgehen aus sich selbst und dem Sich-Geben in Gottes Hand.«[168] Der Sinn der Eucharistie ist »das Sich-selbst-Zurücklassen, um sich selbst zu finden«[169], »die Durchdringung unseres Ich mit dem Du des auferstandenen Herrn und die Öffnung unseres Ich in dieses Du hinein.«[170] Die Öffnung für das Du Gottes, das mir in Christus begegnet, führt aber nicht in einen frommen »Egoismus zu zweit«, sondern in ein echtes Einstehen der Christen füreinander und so zu einer aus der Liebe Christi erneuerten Gestalt von Kirche. Sein damaliger Hörer Hansjürgen Verweyen sagt:

»Das ›Sein-für‹ war für mich die Quintessenz dessen, was ich bei Ratzinger gelernt habe, in der Christologie ebenso wie in meinem Bild von der Kirche.«

Wer Ratzingers Bestseller »Einführung in das Christentum« (1968) liest, wird manches von dem wiederfinden, was schon in seinen Münsteraner Vorlesungen zur Sprache kam.

»Wer liebt, ist ein Christ« – Die Adventspredigten von 1964

Eine ähnlich große Resonanz wie die Vorlesungen und die öffentlichen Vorträge Ratzingers über das Konzil fanden seine Adventspredigten, die er vom Sonntag, 13. Dezember, bis zum Dienstag, 15. Dezember 1964, jeweils abends um 19 Uhr auf der Kanzel des St.-Paulus-Doms hielt. Für die Studentengemeinde suchte man damals eine neue, intensive Einstimmung in die geprägte Zeit vor Weihnachten. Im Jahresbericht heißt es dazu:

»In diesem Jahre wurden die Predigten erstmalig zu einem Adventstriduum erweitert unter dem Thema: ›Sind wir erlöst? Der Sinn des Advent und die Frage nach dem Wesen des Christentums‹ ... Morgens ... und mittags ... wurde jeweils die hl. Messe gefeiert, wobei an jedem Tage eine Meditation gehalten wurde (Prof. Kasper, Prof. Trütsch und Prof. Iserloh). Die abendliche Predigt hielt Prof. Ratzinger im Dom. Seinen Abschluß fand das Triduum mit einem abendlichen Wortgottesdienst im Dom mit einer Predigt von Prof. Metz ... Teilnehmer der Meßfeier jeweils etwa 150, bei den Predigten ca. 1500.«[171]

»Der Dom«, schreibt Vinzenz Pfnür als Augenzeuge, »war, wie kaum mehr danach ... bis auf den letzten Platz in den Seitenschiffen voll von jungen Menschen.«[172]

Einer von ihnen war der damalige Jurastudent Bernhard Suermann (*1939), dem wir einen Tonband-Mitschnitt der Predigten verdanken. Man hört darauf eine relativ hohe, helle Stimme mit unverkennbar bayerisch-österreichischer Vokalfärbung. Bei der Wiedergabe möglicher Einwände wird die Stimme höher und schneller. Ansonsten ist der Vortrag langsam, man kann mitverfolgen, wie sich ein Gedanke aus dem anderen ergibt, man wird vom Prediger selbst aufgefordert, »weiterzudenken«, zu »fragen«, »ehrlich hinzuschauen«. Das Fesselnde ist nicht die Theatralik des Vortrags, sondern seine Nachdenklichkeit, das Erlebnis eines geistigen Ringens um das Christsein in dieser Zeit.

Das Thema war Ratzinger vorgegeben, wie der Jahresbericht zeigt, und doch hat er es sich auf seine ganz eigene Weise erschlossen und in den drei Predigten eine kleine Summe seiner Theologie vorgelegt. Ein damaliger Hörer erinnert sich:

> »Ich habe damals erst richtig verstanden, was ›Advent‹ bedeutet: den nicht erlösten Teil der Welt in den Blick zu nehmen, auch in uns selber. Ratzinger gab eine Deutung unseres eigenen, zerbrechlichen Lebens. Das zog damals Kreise. Wir haben es als sehr hilfreich erlebt.«[173]

Da man den Inhalt der Predigten leicht nachlesen kann[174], soll hier nur auf einige stilistische Eigenheiten Ratzingers hingewiesen werden. Die Meditationen sind ganz aus der Heiligen Schrift entwickelt, sie ist seine primäre Quelle, wobei das Alte Testament gleichrangig neben dem Neuen Testament steht. Eine weitere Quelle ist der christliche Existenzialismus, mit dem er sich in seiner Münchner Studienzeit intensiv beschäftigt hat. Zweimal wird Blaise Pascal zitiert, einmal der Begriff des »Incognito« Gottes von Kierkegaard entlehnt. Aber auch die Moderne mit ihren naturwissenschaftlichen Errungenschaften ist präsent und damit der Gedanke des Fortschritts und die Frage, was der Mensch daraus macht.

In seinen Formulierungen verwendet der Prediger starke, kontrastreiche, fast expressionistische Bilder wie jenes vom »grelle(n) Lichtschein« der Atombombe von Hiroshima, mit dem »eine ganz neue Möglichkeit von Finsternis für die Welt aufgetaucht ist«.[175]

Ausführungen, die schon aus seinen Vorlesungen bekannt sind, kehren wieder, wie die ganz in der Personalität des Menschen begründete Bestimmung des Glaubens oder die Kategorie des »Für« als »Schlüssel der christlichen Heilsgeschichte«.[176] Das Ziel des Predigers insgesamt ist es, in einer Zeit der Verunsicherung des einzelnen Gläubigen durch die zurückliegenden Kriegsgräuel und angesichts alternativer säkularer Welterklärungen ohne Gott die Einfachheit und die Größe des Bekenntnisses zu Christus neu zum Leuchten zu bringen. Dafür findet er die Kurzformel: »Wer die Liebe hat, der ist ein Christ«[177] oder noch kürzer: »Wer liebt, ist ein Christ.«[178]

In einem Brief an Paul Hacker vom 29. September 1965 weist Ratzinger selbst darauf hin, dass man diese Formel im Sinn des »anonymen Christentums« missverstehen könne, wie es einige Theologen unter Berufung auf Karl Rahner damals propagiert hatten, so als würde ein bisschen Gutmenschlichkeit schon genügen, um ein Christ zu sein. Ratzinger meint aber die Liebe nicht in einem weltlichen, privaten Sinn, sondern im christlichen: eine Liebe, die menschlich immer defizitär bleibt und gerade darin erkennt, dass sie sich aus dem »stellvertretenden Überfluß der Liebe Jesu Christi«[179] empfängt und nährt. Dieses Sich-Empfangen und Sich-Verdanken ist für Ratzinger der Vollzug des Glaubens, der »in der wahren Liebe« immer »mit anwesend« ist.[180] Sein eigenes Fach, die Dogmatik, sieht er ganz im Dienst der umsonst geschenkten und getanen Liebe: als »Auslegung der einen entscheidenden ... Grundwirklichkeit der Liebe Gottes und der Menschen«.[181]

Die Theologie, die Joseph Ratzinger in Münster vorgetragen hat, hat seine Hörer ermutigt, angeregt, zuweilen erschüttert, manch einen verändert, Einzelne bekehrt. Kalt gelassen hat sie keinen. Sie hat Geschmack gemacht am Nachdenken über den eigenen Glauben, weil sie, wie es in der zweiten Adventspredigt heißt, »auf keiner Furcht (beruhte), sondern auf der völligen und fröhlichen Gewißheit, daß Gott wahrhaft – und nicht bloß in frommen Phrasen – größer ist als unser Herz«.[182]

6. Freunde fürs Leben

Joseph Ratzingers Beziehung zu Paul Hacker und Josef Pieper

Neben der Gabe des Lehrens verfügt Joseph Ratzinger auch über die Gabe der Freundschaft. Er konnte immer gut unterscheiden zwischen Menschen, die ihn nur seines Ruhmes wegen kennen lernen wollten, und Menschen, die aus echter Geistesverwandtschaft und herzlicher Verbundenheit seine Nähe suchten. Nicht Rang und Namen geben den Ausschlag im Kreis seiner Freunde, viele einfache Gläubige und Priester sind darunter.

Andererseits hat es Ratzinger immer geschätzt, wenn er Menschen fand, die sich in einer ähnlichen geistigen Welt bewegten wie er selber, die die Klassiker des christlichen Abendlandes kannten, die alten Sprachen und die moderne Literatur.

Zwei solcher an Geist und Herz gebildeter Menschen hat er als Professor in Münster unter seinen Kollegen gefunden, und sie sind ihm Freunde geworden fürs Leben. Beide waren deutlich älter als er, beide gehörten anderen Fachrichtungen an. Was sie im Tiefsten einte, war das gemeinsame Ringen um die Erneuerung der Kirche in stürmischer Zeit, die Bewahrung des unbestrittenen Vorrangs Gottes vor allem Tun des Menschen.

Wer zu einer angemessenen Würdigung der Nachkonzilszeit in Deutschland finden will, wird an diesen beiden Stimmen nicht auf Dauer vorbeigehen können. Es sind Paul Hacker und Josef Pieper.

Paul Hacker (1913-1979)

Kaum eine Einzelperson bekommt in Ratzingers autobiografischem Bericht »Aus meinem Leben« so viel Raum wie Paul Hacker: zwei ganze Seiten.[183] Sie bieten eine so prägnante Zusammenfassung dieser für beide prägenden, anregenden und fordernden Freundschaft, dass sich die folgende Darstellung daran orientieren kann und die jeweiligen Notizen des Kardinals nur etwas kommentiert werden.

Paul Hacker in Münster, 1963.

Seine »universale Begabung (konnte) ich nur bewundern«, setzt Ratzingers Bericht ein. Tatsächlich hat sich Paul Hacker schon in jungen Jahren eine umfassende Bildung angeeignet. Geboren 1913 in Seelscheid (Regierungsbezirk Köln), studierte er in den Dreißigerjahren Indologie, Romanistik, Anglistik und Slawistik und lernte auch die entsprechenden Sprachen. Am Ende wird er 17 alte und moderne Sprachen und Dialekte beherrschen.

Nach der Doktorarbeit, die er über den russischen Erzähler Turgenjew schrieb, und dem Kriegsdienst spezialisierte er sich in Bonn für das Fach Indologie, vertiefte sich in die Geschichte und Philosophie der hinduistischen Religion. Nach einer Dozentenstelle in Münster (1950-55) führte ihn ein Forschungsaufenthalt nach Indien; unmittelbar nach seiner Heimkehr wurde er zum Professor für Indische Philologie in Bonn ernannt.

In der Bundeshauptstadt begegnete er einige Jahre später bei einer Universitätsveranstaltung erstmals dem jungen Fundamentaltheologen Joseph Ratzinger. Dieser erinnert sich: »Da in Bonn im Rahmen der Fundamentaltheologie auch Religionsgeschichte zu lesen war, war mir die schnell entstandene Freundschaft mit ihm besonders lehrreich.«[184]

Dass die Freundschaft »schnell« zustande kam, lag wohl zunächst an einigen menschlichen Gemeinsamkeiten. Von ihrem familiären Hintergrund her waren beide die jüngsten Söhne eines Gendarmen, hatten folglich einen anerzogenen Sinn für Recht und Ordnung. Beide waren sehr sprachbegabt, besonders Latein und Griechisch beherrschten sie ausgezeichnet. Wenn sie sich neues Wissen aneigneten, dann immer auf ihre Weise, kritisch, in die Tiefe vorstoßend. Wo der eine sich als Amateur fühlte, war der andere Fachmann – und umgekehrt: Hacker war Religionswissenschaftler mit ausgeprägtem Interesse an Theologie, Kirche und Liturgie. Ratzinger war Theologe mit ausgeprägtem Interesse an religionsgeschichtlichen und philosophischen Fragen. Durch Hacker angeregt, vertiefte sich der jüngere Kollege derart in den Hinduismus, dass seine Bonner Studenten schon spotteten, »er spreche von nichts anderem mehr als Bhakti und Krischna«.[185]

Hinzu kam ein Weiteres.

»Hacker war, als ich ihn kennenlernte, gläubiger Lutheraner, aber ein immerfort suchender Mensch. Sein Suchen hatte ihn zur Indologie getrieben, aber sein Eindringen in die indische Geisteswelt hatte ihn neu zum Christentum geführt ... Sein Weg hat ihn dann in die katholische Kirche geführt ...«[186]

Hacker stammte aus einem protestantischen Elternhaus, hatte sich als Student zunächst dem christlichen Glauben entfremdet und in der Philosophie Ersatz gesucht. Später trieb ihn sein Forschungsgebiet zurück zur Frage nach der Wahrheit des Wirklichen. Eine Zeit lang hatte er sich für die Wiedervereinigung der Christenheit engagiert.

Als er sah, dass diese gesamtkirchlich nicht zu erreichen war, hatte er am 28. September 1962 mit seinem Übertritt zur katholischen Kirche die Einheit der Kirche für sich selbst hergestellt. Als »spätberufener« Katholik, wie er sich selber scherzhaft nannte, empfand Hacker viel Sympathie für den natürlich-gefühlsmäßigen Zugang zum Katholizismus, den sein Kollege Ratzinger besaß.

Im Frühjahr 1963 ging dieser nach Münster, im September desselben Jahres folgte auch Hacker einem Ruf auf den Lehrstuhl für Indologie an der Westfälischen Wilhelms-Universität.

> »Hacker … ist kurz nach mir ebenfalls nach Münster gegangen, wo sich unsere Kontakte noch vertieft haben und nun freilich nicht mehr so sehr (wie in Bonn) auf Indologie, sondern jetzt auf sein theologisches Fragen bezogen.«[187]

Wiederholt war der Dogmatik-Professor zu Gast im Haus von Paul und Irmgard Hacker, zuerst in der Coerdestraße 55 im Kreuzviertel, ab 1964 im neu gebauten Eigenheim im Besselweg 14 im Stadtteil Gievenbeck. In der riesigen Bibliothek des Religionswissenschaftlers sprachen die beiden über das laufende Konzil, über die Kirchenväter, die sie beide gern zu Rate zogen, um aktuelle theologische Fragen in die Glaubensgeschichte einordnen zu können, und immer häufiger über Martin Luther. Für Hacker war die Beschäftigung mit dem Reformator sicher auch eine Verarbeitung seiner eigenen Konversionserfahrung.

Dennoch warnt Ratzinger davor, dessen 1966 veröffentlichte Studie über das »Ich im Glauben bei Martin Luther«, zu der er selbst ein Vorwort beigesteuert hat[188], als das Werk »eines Außenseiters und Dilettanten beiseite« zu legen.[189] Die Grundthese des Buches, dass mit dem Namen Luthers die Entstehung einer typisch neuzeitlichen »anthropozentrischen Religion« verbunden sei, die das Christentum von innen her bedrohe, hat Ratzinger auch als Kardinal verteidigt – in einer Zeit, in der andere katholische Theologen denselben Luther ihren »Vater im Glauben« nannten.[190]

Die Freundschaft zwischen Hacker und Ratzinger blieb von den nachkonziliaren Spannungen nicht verschont. Gehörte der frisch konvertierte Gelehrte zunächst zum »romkritischen Flügel« und gab dem Münsteraner Peritus detaillierte »Wünsche zur Reform der Kirche« mit zu den Konzilssitzungen, äußerte er sich nachher zunehmend »konzilskritisch«.[191]

Auch zu liturgischen Neuerungen, wie sie etwa 1965/66 in Münster St. Antonius eingeführt wurden, hat Hacker Stellung bezogen. Was er schon damals kritisierte, klagte er in späteren Jahren immer schärfer mit der Wachsamkeit und Streitbarkeit desjenigen ein, der nach langem Suchen zur Wahrheit durchgestoßen war und sie nun um jeden Preis verteidigen wollte: »Gesamteindruck (des Gottesdienstes): Abstrakt rationalistischer Aktualismus, Entsubstanzialisierung, Abschaffung der Anbetung, Verdiesseitigung ... Sehr viele selbstverfaßte Gebete, dabei verdächtig viel Rede von ›Glauben‹ ... Dagegen ... kein Wort von Liebe zu Gott«.[192]

Die Zeit in Münster beschlossen Hacker und Ratzinger mit einem »Kolloquium über Probleme einer Theologie der Religionsgeschichte« im Sommersemester 1966. Brieflich blieben sie weiterhin verbunden, auch über gemeinsame Freunde wie Josef Pieper und Hans Urs von Balthasar.

Hackers rastloser Lebens- und Arbeitsstil forderte, zusammen mit den Kämpfen der Nachkonzilszeit, seinen Tribut. Ein schwerer Herzinfarkt 1971 hatte seine Gesundheit bleibend geschädigt, umso mehr versuchte er, seine Kräfte zu bündeln und seine indologischen wie theologischen Forschungen voranzutreiben. Die Aufnahme in die Nordrhein-Westfälische Akademie der Wissenschaften im Jahr 1975 war eine späte Genugtuung für ihn. Der Tod kam dann doch überraschend, an einem Sonntagmorgen im März 1979, beim Frühstück in seinem Haus in Gievenbeck. Der Kondolenz-Brief des Theologen-Freundes, mittlerweile Kardinal-Erzbischof in München und Freising, versucht noch einmal, das Wesen des Verstorbenen zu erfassen:

> »Jetzt, im Rückblick, wird einem mehr als vorher deutlich, daß sein ganzes Leben leidenschaftliche Suche nach der Wahrheit gewesen ist und daß sein ganzes Ungestüm dieser einen Leidenschaft entsprang, die ihn immer unverwandter auf den Anruf Jesu Christi hinhören und hinschauen ließ, in dessen erlösender Liebe wir ihn jetzt geborgen wissen dürfen.«[193]

Josef Pieper (1904-1997)

Die Freundschaft Joseph Ratzingers mit Josef Pieper spielt sich im Vergleich mit jener zu Paul Hacker mehr im Verborgenen ab. In den Erinnerungen des Kardinals kommt der Name Piepers nur einmal vor, und auch hier nur in einer Auflistung von Autoren, deren »Stimme« die Freisinger Seminaristen am Beginn ihres Studiums »am unmittelbarsten berührte«.[194] Ähnlich diskret verfährt Pieper in seinem dreiteiligen Lebensbericht, der Ratzingers Namen auf vielen hundert Seiten nur dreimal nennt, und auch hier, ohne Näheres mitzuteilen.[195] Kein Wunder, dass Gianni Valente in seinem Werk über »Professor Ratzinger« Josef Pieper gar nicht erwähnt – und doch ein schweres Versäumnis! Denn Pieper ist aus der intellektuellen Biografie des heutigen Papstes nicht wegzudenken und hat ihn gerade in jungen Jahren entscheidend geprägt.

In einem vom 4. Juli 2009 datierten Brief an den Paderborner Erzbischof Hans-Josef Becker verrät Papst Benedikt XVI.:

> »Die Schriften von Josef Pieper über die Kardinaltugenden waren eine meiner ersten philosophischen Lektüren, als ich 1946 das Studium begann. Sie haben in mir die Lust zum philosophischen Denken geweckt, die Freude an einer rationalen Suche nach den Antworten auf die großen Fragen unseres Lebens. Ich habe dabei auch gelernt, daß die großen Denker vergangener Zeiten durch ihr Ringen um die Wahrheit ganz gegenwärtig sind und daß Philosophie nicht veraltet, wenn sie redlich und demütig auf dem Weg zur Wahrheit ist. Von da an habe ich kein Pieper-Buch mehr ausgelassen und bin durch deren Lektüre immer bereichert und erfrischt worden.«[196]

Diese Sätze umreißen schon in aller Kürze das Eigentümliche der Freundschaft zwischen den beiden Denkern. Sie ist durch Lektüre entstanden und spielt sich die meiste Zeit auch auf dem Papier ab, in Briefen, Widmungen, Zitaten, Empfehlungen. Über dem persönlichen steht der geistige Austausch. Und dieser dreht sich nicht nur um kirchliche Fragen, sondern um die Wahrheit, um die Wirklichkeit im Ganzen, die Glaube und Vernunft gleichermaßen herausfordert. Ratzingers erste Begegnung mit Piepers Schriften reicht bis in seine früheste Studienzeit zurück. Dies mag der Grund dafür sein, warum die spätere Freundschaft immer etwas von einer Lehrer-Schüler-Beziehung behält und noch der 60-jährige Kuri-

Bei der Verleihung des Romano-Guardini-Preises an Josef Pieper, München, 29. März 1981.

enkardinal seine Bücher an »Prof. Pieper« in echt empfundener »dankbarer Verehrung« und »herzlicher Verbundenheit« schickt.[197]

Georg Ratzinger, der gemeinsam mit seinem Bruder in Freising studierte, erinnert sich:

> »Pieper war nach dem Krieg sehr angesehen. Seine Philosophie baute auf Thomas von Aquin auf, sie war für uns Studenten logisch, verständlich und eingängig.«

Tatsächlich baute Piepers Denken auf Thomas von Aquin auf. Aber anders als die bis in die Konzilszeit hinein im Theologiestudium vorherrschende Neuscholastik, die auch Joseph Ratzinger als »zu geschlossen und zu unpersönlich« empfand[198], verstand er Thomas nicht als philosophisches System, sondern als Weisung, das eigene Menschsein in seiner ganzen Tiefe auszuleuchten und im Glauben anzunehmen.

Als studiertem Soziologen war ihm schnell klar, dass er seinen Hörern nach dem Zweiten Weltkrieg kein Schulbuchwissen vorsetzen konnte, sondern auf ihre existenzielle Verunsicherung durch die Erfahrung von Gewalt und Not eingehen musste, um sie in Sehnsucht nach dem Wahren und Guten umzubilden. So entwickelte er über die Jahre seines Lehrens an der Pädagogischen Akademie Essen (1946-72) und an der Universität Münster (1946-72) einen ganz eigenen Stil des Philosophierens, der quer stand zu allen methodischen Einschränkungen, weil er immer aufs Ganze ging. Seine Themen waren das Wesen der Philosophie und der Geschichte, das christliche Menschenbild, Tod und Unsterblichkeit, Glaube, Hoffnung und Liebe. Als Person trat er ganz hinter seine Lehre zurück. Die Wirklichkeit, von der er sprach, entstand vor dem inneren Auge seiner Hörer.

Die große Breitenwirkung Piepers in Münster lässt sich mit derjenigen Romano Guardinis (1885-1968) in München nach dem Krieg vergleichen: Jung und Alt, Studenten und einfache Bürger, Glaubende und Zweifelnde strömten zu Hunderten in seine Vorlesungen im Fürstenberghaus.

Wenn Joseph Ratzinger Pieper bereits seit 1946 studiert hat – welche Rolle spielte dann die kurze gemeinsame Zeit in Münster in ihrer Beziehung? Dazu Papst Benedikt XVI.:

> »In meinen Münsteraner Jahren (1963-1966) hatte ich dann das Glück, die persönliche Freundschaft des Meisters zu finden, die mich bis zu seinem Tod begleitet hat – eine Freundschaft, für die ich nur Dankbarkeit empfinden kann.«[199]

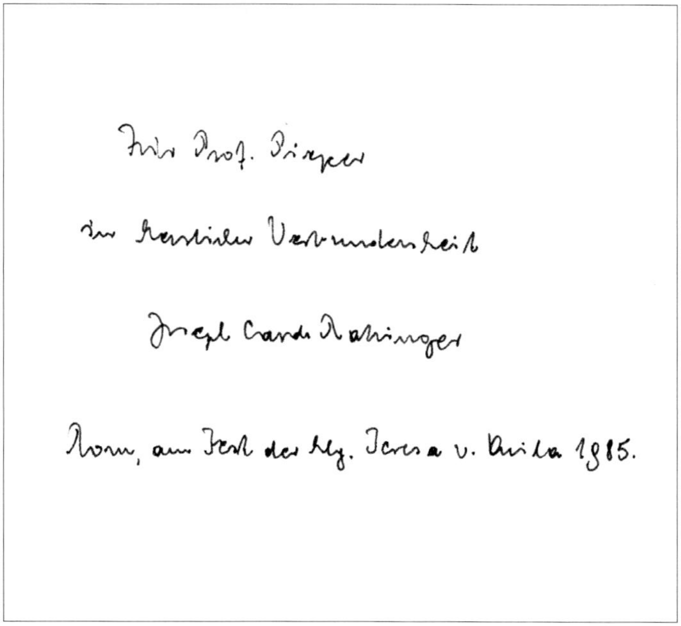
Für Prof. Pieper

in herzlicher Verbundenheit

Joseph Card. Ratzinger

Rom, am Fest der hlg. Teresa v. Avila 1985.

Widmung des Buches »Zur Lage des Glaubens« (München 1985) an Josef Pieper.

Unterstützt wurde der persönliche Kontakt zwischen dem »Philosophen von Münster« und dem Münsteraner Dogmatiker zunächst durch zwei akademische Kreise, denen Pieper bereits zugehörte, als Ratzinger (beide Male im Jahr 1964) dort aufgenommen wurde: den Ökumenischen Arbeitskreis, der seit 1946 unter Leitung des evangelischen Bischofs Wilhelm Stählin und des Paderborner Erzbischofs Lorenz Jaeger bestand, und die Arbeitsgemeinschaft für Forschung des Landes Nordrhein-Westfalen, zu der im letzten Kapitel noch etwas zu sagen sein wird.

Vor allem aber stieß Ratzinger, sofern er nicht durch seine Konzilstätigkeit verhindert war, zu einem intimen Kreis im Hause Pieper hinzu, den der Philosoph in seinem Lebensbericht seinen »Klub« nennt:

> »Zum gleichen Wintersemester 1946/47 begann außer Joachim Ritter und mir noch ein Dritter seine Lehrtätigkeit in Münster: der Theologe Hermann Volk. Und es ergab sich, daß wir drei, zusammen mit dem Latinisten Franz Beckmann, schon bald eine Art Klub bildeten, der sich regelmäßig am Samstagnachmittag zu gemeinsamen Radfahrten und Wanderungen traf.«[200]

Im Lauf der Jahre änderte sich die Zusammensetzung des geistreichen Kreises. Nach beruflichen Differenzen schied der Philosoph Joachim Ritter (1903-1974) Mitte der Fünfzigerjahre aus, dafür kam der Romanist Heinrich Lausberg (1912-1992) dazu. Als Volk aufgrund seiner von Pieper mit Wehmut aufgenommenen Bischofsernennung im Frühjahr 1962 Münster verließ[201], dauerte es nicht lange, bis auch er einen würdigen Nachfolger gefunden hatte: Joseph Ratzinger. In einem Brief an den Herausgeber der Werke Piepers, Berthold Wald, denkt der Kardinal an die gemeinsamen Stunden zurück:

> »Ich selber bewahre die Erinnerung an meine vielen freundschaftlichen Begegnungen mit Pieper als einen kostbaren Schatz … Ich hatte ja die Ehre, in der Nachfolge von Kardinal Volk zu der Samstagsrunde – zusammen mit den Professoren Beckmann und Lausberg – zu gehören, die sich wöchentlich bei Pieper zu philosophischen Gesprächen zusammenfand, bei denen immer er der eigentliche Anreger geblieben ist.«[202]

Die »Samstagsrunden« hatten stets denselben Ablauf. Man traf sich um 15 Uhr – nach Piepers Mittagsschlaf – in dessen Haus am Malmedyweg 10 in der Nähe der Universitätskliniken und ging dann bei Wind und Wetter eineinhalb Stunden spazieren, um anschließend in Piepers Arbeitszimmer bis gegen 18 Uhr im Gespräch zu bleiben. Was Inhalt der Gespräche war, geht aus den vorhandenen Notizen nicht hervor, und die vier Gelehrten wollten wohl auch nicht, dass etwas davon nach außen drang. Der »Klub« bot ihnen inmitten des akademischen Alltags und der heraufziehenden Stürme der Zeit eine Art geistigen Schutzraum, in dem sie ihre Gedanken miteinander teilen und von den unterschiedlichen Fachrichtungen aus beleuchten konnten. Darüber hinaus war Professor Ratzinger zusammen mit seiner Schwester Maria auch zu Gast bei »offiziellen« Abendessen im Malmedyweg, wie sich Piepers Kinder erinnern.

Über Pieper machte Ratzinger in dieser Zeit auch die Bekanntschaft der Bildhauerin Hilde Schürk-Frisch (1915-2008), die nicht nur eine begnadete Künstlerin war, sondern auch eine tief religiöse und kirchlich engagierte Frau.[203] Der Theologieprofessor besuchte sie in ihrem damals neu eröffneten Atelier in der Habichtshöhe 13 und ließ sich zeigen, woran sie gerade arbeitete. Das ein oder andere Mal waren Pieper und Ratzinger zu Gast in ihrem Haus. Einige Jahre später schenkte sie Dem Theologieprofessor einen Abguss ihrer Figur des heiligen Josef, Ratzingers Namenspatron, die ein wenig bezeichnend für ihn selber ist: die Gestalt eines Menschen, der sich ganz von Gottes Willen ergreifen und formen lässt, der sich in jedem Moment bereit hält, aufzubrechen, um Gottes Ruf zu folgen.[204]

Die gemeinsame Zeit in Münster war knapp bemessen. Gerade als man sich besser kennen gelernt hatte, starb im Juli 1966 Professor Beckmann, im selben Monat ging auch Ratzinger nach Tübingen. Josef Pieper hat seinen »Klub« danach nicht weitergeführt, sondern versammelte stattdessen einige Jahre hindurch begabte Studenten zum Austausch, bis auch das ein Ende fand.

Die einmal geknüpfte Verbindung zwischen Pieper und Ratzinger blieb auch aus der Ferne bestehen, ebenso der Kontakt mit Lausberg, der 1967 in die Arbeitsgemeinschaft für Forschung des Landes Nordrhein-Westfalen aufgenommen wurde, sodass die verbliebene »Samstagsrunde« dort wieder vereint war. Neben einem umfangreichen Briefwechsel zeugt auch Piepers Bibliothek in der Akademie Franz-Hitze-Haus in Münster vom geistigen Austausch mit dem jüngeren Freund. In ihr finden sich 18 Bücher und Sonderdrucke Ratzingers aus den Jahren 1970 bis 1994, zwölf

Hilde Schürk-Frisch, St. Josef (Fassung 1945).

davon mit persönlicher Widmung. Umgekehrt hat Ratzinger in vielen seiner Werke auf die Bedeutung Piepers hingewiesen. Sein 1989 veröffentlichtes Buch »Auf Christus schauen. Einübung in Glaube, Hoffnung, Liebe« lebt ganz aus dem Geist der Tugendlehre Piepers und ist dem verehrten Lehrer gewidmet.[205] Wenn man so will, gab es ihren Gesprächskreis also weiterhin, über Zeit und Raum hinweg, in einer geistigen und geistlichen Verbundenheit, die für beide Stärkung und Ermutigung bedeutete.

Josef Pieper hat seine Vorlesungen im Fürstenberghaus über seine Emeritierung hinaus fortgesetzt, bis in sein 92. Lebensjahr. Wie sehr er von diesem öffentlichen Dialog mit den Menschen lebte und wie schwer ihm deshalb das Aufhören fiel, teilte er damals dem befreundeten Kunst-Professor Paul Drücke mit:

> »Was mich betrifft, habe ich einen schweren Entschluß hinter mich gebracht: nach ziemlich genau 50 Jahren Lehrtätigkeit habe ich zu Beginn dieses Semesters meine Vorlesungstätigkeit an der Universität abgebrochen. Obwohl ich weiterhin einen vollbesetzten Hörsaal hatte (aber das Gehen zum Rednerpult fiel mir schon schwer – und zwar nur das, sobald ich redete, war ich wieder der Alte u. ganz normal). Aber einmal muss man eben doch Schluss machen ... Ihr ur-alter Josef Pieper«[206]

Nach dem Abschied vom Rednerpult verfielen seine Kräfte schnell. Familie und Freunde machten es möglich, dass er im Malmedyweg bleiben konnte, in dem Haus, in dessen Garten er die Bäume mit eigener Hand gepflanzt hatte und in dessen Kaminzimmer ein künftiger Papst von ihm Weisung und Rat empfing. Am 6. November 1997 ist er dort gestorben. Den bleibenden Wert seines Denkens hat Kardinal Ratzinger in seinem Brief zu Piepers 90. Geburtstag hervorgehoben:

> »(Sie haben) ... eine von Schlagworten gerüttelte Generation mit Ihrer ruhigen Sachlichkeit wie mit der überlegenen Weite Ihrer Bildung zur Demut des Hörens und des Schauens zurückzuführen sich gemüht. So haben Sie gerade als Philosoph der Theologie einen unersetzlichen Dienst getan ...«[207]

7. »Der Spatz in der Hand«

Warum Joseph Ratzinger Münster verließ

Als Berater und Kommentator des Zweiten Vatikanischen Konzils wie als theologischer Lehrer war Joseph Ratzinger in Münster bald eine feste Größe, nicht nur in kirchlichen Kreisen. Dass sein Ruf weit über Münster hinausreichte, lässt sich etwa an der Tatsache ermessen, dass der Kunststudent Adolf Clemens (*1942) in seine Examensarbeit über »Bildjournalistische Porträts von namhaften Persönlichkeiten aus dem kulturellen Leben Nordrhein-Westfalens« auch den Münsteraner Dogmatiker aufnehmen wollte und im Juni 1965 in seiner Wohnung am Aasee besuchte.[208] Auf die Frage, warum er damals gerade Ratzinger auswählte, sagt Clemens, der heute nach einer erfolgreichen Laufbahn als Fotograf und Hochschullehrer in Münster-Roxel lebt:

> »Ratzinger galt als jemand, der frischen Wind in die Kirche brachte, von dem man noch etwas Großes erwarten konnte. Ich hatte immer wieder von ihm gehört und gelesen. Als ich zu ihm kam und meine Aufnahmen machte, wirkte er freundlich und ruhig und war sehr präsent. Er begegnete mir nicht als Kirchenmann oder als Professor, sondern als Mensch. Er spielte nichts vor, er war er selbst.«

Wachsendes Ansehen

Neben der wachsenden allgemeinen Bekanntheit, die Ratzinger allein schon durch seine Hörerzahlen erreichte, wuchs auch sein wissenschaftliches Ansehen. Zwischen 1963 und 1966 erscheinen neun Bücher und 70 Artikel und Vorträge aus seiner Feder.[209] Darunter sind Beiträge für Band 9 und 10 des »Lexikons für Theologie und Kirche«, ein großer Artikel über die christliche Brüderlichkeit im französischsprachigen »Dictionnaire de la Spiritualité« und zwei Abschnitte über »Atheismus« und »Kirche« in einem Wörterbuch für die

Im Arbeitszimmer in der Annette-Allee, Münster, Juni 1965.

Seelsorge-Praxis. Für die erste Nummer der Zeitschrift des konziliaren Reformflügels, »Concilium«, steuert Ratzinger 1965 einen längeren Artikel über die bischöfliche Kollegialität bei.

Auch außerhalb von Münster will man den Theologen hören. So hält er im Sommer 1965 auf den Salzburger Hochschulwochen eine vierstündige Vorlesung über »Die sakramentale Begründung christlicher Existenz«[210], deren Zusammenfassung mit zum Besten gehört, was Ratzinger veröffentlicht hat: Eine luzide Gedankenführung erlaubt es ihm, das eigentlich streng dogmatische Thema in einem weiten religions- und kulturgeschichtlichen Kontext zu entfalten und so das in der Neuzeit erschwerte Verständnis des Sakraments als unverzichtbaren Bestandteil des christlichen Glaubens einleuchtend zu machen.

Mitglied in der NRW-Akademie der Wissenschaften

Eine besondere Ehre wird Professor Ratzinger im April 1964 zuteil. Auf Empfehlung einiger Münsteraner Kollegen wie der Philosophen Pieper und Ritter und des Kirchenhistorikers Kötting beruft ihn die Arbeitsgemeinschaft für Forschung des Landes Nordrhein-Westfalen als Vertreter des Fachgebietes Dogmatik und Dogmengeschichte zum ordentlichen Mitglied der geisteswissenschaftlichen Sektion.[211] In dieser Gemeinschaft, die seit 1970 den Namen »Nordrhein-Westfälische Akademie der Wissenschaften« trägt, sind die besten Wissenschaftler des Bundeslandes versammelt. Begründet wird seine Berufung folgendermaßen:

> »In den wenigen Jahren seiner Lehrtätigkeit hat Herr Ratzinger sich einen hervorragenden Ruf bei allen Fachkollegen des In- und Auslandes erworben … Ratzinger versucht von der Bibel und vom frühchristlichen Verständnis her neue Wege für die katholische Dogmatik zu finden. Er gilt neben K. Rahner schon heute als der bedeutendste katholische Systematiker im deutschen Sprachraum.«[212]

Als ordentliches Mitglied erhält er fortan Einladungen zu den monatlichen Treffen seiner Sektion und anderen Veranstaltungen. Am 15. Dezember 1965 referiert Ratzinger selbst im Karl-Arnold-Haus in Düsseldorf, dem Sitz der Arbeitsgemeinschaft, über »Das Problem der Dogmengeschichte in der Sicht der

Blick auf jene Bücher, an denen Joseph Ratzinger während seiner Zeit in Münster gearbeitet hat.

katholischen Theologie«[213] und zeigt darin, dass er nicht nur schön formulieren, sondern auch mit äußerster Präzision die theologiegeschichtlichen Entwicklungen zugrunde liegenden Argumente erfassen und abwägen kann. Dementsprechend lebhaft verläuft die anschließende Aussprache. Auch der Freund Josef Pieper bringt sich kritisch ein, und was er damals in freier Rede gegen Ratzingers Begriff einer »Identitätstheologie« vorträgt, ist ihm so wichtig, dass er den Beitrag Jahrzehnte später in seine Werkausgabe aufgenommen sehen will.[214]

Im Juni 1966 wechselt Ratzinger durch seinen Weggang aus Nordrhein-Westfalen in den Status eines korrespondierenden Mitglieds. Der Kontakt bleibt aber trotz der wachsenden Entfernung weiter bestehen. Als Kurienkardinal kommt Ratzinger am 15. Juli 1985 noch einmal eigens für einen halben Tag von Rom nach Düsseldorf und hält ein tiefschürfendes Referat über »Politik und Erlösung«.[215] Im seinem Dankesschreiben vom 5. September 1985 versichert er, dass er sich »im Kreis der Kollegen ... wieder ganz zu Hause gefühlt habe«.[216] Die interdisziplinäre Zusammensetzung des Kreises hat ihn als einen Theologen, der sein Leben lang ein Fragender und Lernender geblieben ist, sicherlich besonders gereizt und herausgefordert, und so hält die Akademie bis heute ihr berühmtestes Mitglied in Ehren.

Tübingen ruft

Dass auch andere Universitäten einen Dozenten, der bereits mit 37 Jahren als einer der »bedeutendsten katholischen Systematiker im deutschen Sprachraum« gehandelt wurde, gern in ihrem Lehrkörper gesehen hätten, liegt auf der Hand. Schon im Juli 1964 lädt die Universität Tübingen Ratzinger zu einer Gastvorlesung ein. »Der Vortrag«, der einen neuen Zugang zur Wandlung der eucharistischen Gaben versucht, »findet bei Kollegen wie Studenten viel Anklang«[217], notiert Hans Küng, der seit Juni 1960 in Tübingen Fundamentaltheologie lehrte. Die Berichte von Küng und Ratzinger über die folgenden Vorgänge legen die Vermutung nahe, dass neben einer Reihe von anderen Faktoren es vor allem Küngs geschickter und nachdrücklicher Werbung zu verdanken ist, dass Ratzinger Münster schon so bald wieder verlassen hat.

Küng und Ratzinger kennen sich seit der Dogmatiker-Tagung in Innsbruck 1957[218] und sind über einander voll des Lobes, wenn sie auf jene Jahre zurückschauen.

Küng über Ratzinger: »Er hat seine eigene Forschungsrichtung und besitzt zugleich eine große Offenheit für Fragen der Gegenwart ... Zugleich hatte ich ihn zur Konzilszeit als menschlich sympathisch erlebt.«[219]

Ratzinger über Küng: »Ich hatte« seine Doktorarbeit »mit Genuß gelesen und Respekt für den Autor gewonnen, dessen sympathische Offenheit und Unkompliziertheit mir gefiel.«[220]

Zwar fielen beiden im Vergleich miteinander »unterschiedliche Akzentsetzungen und Forschungsrichtungen«[221] auf, und über das theologische Verständnis des kommenden Konzils hatten sie schon 1960 eine »etwas ernstere Kontroverse«[222] ausgefochten. Aber diese Unterschiedlichkeit und Kritikwürdigkeit hatte die gegenseitige Sympathie noch gesteigert. Beide stellten es sich spannend und bereichernd vor, den anderen als Kollegen im selben Fachbereich zu haben. Als Ratzinger im Januar 1963 den Ruf auf den Lehrstuhl für Dogmatik und Dogmengeschichte in Münster angenommen hatte, schrieb er an Küng, »daß es mich sehr freuen würde, wenn wir gemeinsam versuchen könnten, die dogmatische Arbeit an der Universität Münster in Angriff zu nehmen«.[223] Küng ging zunächst auf den Vorschlag ein und trat in Verhandlungen mit Münster wegen des zweiten Dogmatik-Lehrstuhls. Als ihm in Tübingen aber ein eigenes ökumenisches Institut in Aussicht gestellt wurde, sagte Küng im September 1963 in Münster ab und empfahl stattdessen seinen Assistenten Walter Kasper[224], der dann tatsächlich nach Abschluss seiner Habilitation zum 1. August 1964 an die Westfälische Wilhelms-Universität kam.

Nun war Küng am Zug. Als Dekan der Fakultät lud er im Juli 1964 seinen Münsteraner Kollegen zur Gastvorlesung ein. Nach dieser ersten Tuchfühlung Ratzingers mit der renommierten schwäbischen Hochschule ließ er etwas Zeit verstreichen, ehe er im Mai 1965 erneut ansetzte.

»Am 2. Mai 1965 habe ich Ratzinger dann ... in Münster besucht und mit ihm über eine mögliche Berufung nach Tübingen gesprochen. In einem Brief vom 11. Mai habe ich ihn nochmals auf alles das hingewiesen, ›was für Sie Tübingen anziehend macht: die wissenschaftliche Zusammenarbeit mit katholischen und evangelischen Kollegen an einem Ort großer freier Tradition, die ausgezeichneten Arbeitsbedingungen, die Nähe zu Ihrer Heimat usw‹.«[225]

»Der Spatz in der Hand«

Noch einen Joker kann Küng aus dem Ärmel ziehen: Falls Ratzinger grundsätzlich bereit sei, den Ruf anzunehmen, könne man auch noch bis Ostern 1966 warten, bis seine drei Jahre in Münster um wären, und in der Zwischenzeit eine schöne Wohnung für ihn und seine Schwester besorgen – »nur müßten wir in diesem Fall sicher wissen, daß Sie kommen, damit wir nicht schließlich ohne Taube auf dem Dach und den Spatz in der Hand bleiben.«[226] Die Pointe scheint dem Kollegen gefallen zu haben, denn am 15. Mai 1965 antwortet Ratzinger, unter den genannten Voraussetzungen »werde ich mich gerne als Spatz in die Hand der Tübinger Fakultät geben«.[227]

In den Erinnerungen des Kardinals heißt es gleichlautend mit der Darstellung Küngs:

> »Ich entschloß mich, Tübingen anzunehmen – der Süden lockte, aber auch die große Geschichte der Theologie an dieser schwäbischen Universität, in der außerdem interessante Begegnungen mit bedeutenden evangelischen Theologen zu erwarten waren.«[228]

Letztlich waren es also äußere Gründe – eine größere theologische Vielfalt, die Nähe zur bayerischen Heimat –, verbunden mit dem taktischen Geschick von Hans Küng, die Joseph Ratzinger dazu »verlockten«, zum 1. Juni 1966 den Ruf auf den Lehrstuhl für Dogmatik und Dogmengeschichte an der Eberhard-Karls-Universität Tübingen anzunehmen.

»Die Großzügigkeit von Münster«

Im Sommersemester 1966 musste er neben den laufenden Lehrveranstaltungen und Prüfungen in Münster bereits die dogmatische Hauptvorlesung in Tübingen halten, da dort kein Kollege zur Vertretung bereit stand. So blieb Ratzinger nicht viel Zeit, um den Abschied von Münster vorzubereiten.

Seine letzte Vorlesung, die er am 25. Mai 1966 im Fürstenberghaus hielt, schloss er mit den Worten: »Meine Damen und Herren, ich wünsche Ihnen die Gabe der Unterscheidung der Geister, sie wird wichtig sein für die Zukunft der Kirche!« Anschließend überreichte ihm ein Sprecher der Studenten Blumen und ein Buch über den münsteraner Dom als Geschenk. Unter allgemeinem Applaus hob er hervor, dass Ratzinger den Studierenden

Gedenktafel am Haus in der Hittorfstraße 23, Münster (Entwurf: Holle Frank-Hoye).

deutlich gemacht habe, dass Wissenschaft und Frömmigkeit zusammengehörten und dass sich die Theologie auch um eine Sprache bemühen müsse, die den Menschen von heute erreicht.[229]

Seinen Kollegen von der Theologischen Fakultät, die er noch einmal zum Abendessen ausführt, verrät er eine der Lehren, die er aus dem Verlauf des Konzils gezogen hatte: »Während der Debatten auf dem Konzil ist mir bewußt geworden, daß die Tradition, nämlich das Verharren, das Bleiben, auch im Neuen Testament Schlüsselworte, wesentliche Koordinaten sind.«[230]

Wäre die kommende Zeit anders verlaufen, wenn auch Ratzinger im Norden geblieben wäre, statt der »Versuchung … nach dem Süden«[231] nachzugeben? Wäre er in Münster weiterhin mehr »die Taube auf dem Dach« gewesen, statt ein gezauster »Spatz in der Hand der Tübinger Fakultät«? – Man weiß es nicht. Auch an der Westfälischen Wilhelms-Universität zogen die Studentenunruhen herauf. Doch davon waren Ratzingers Jahre in Münster noch kaum beeinflusst. Vielmehr sind seine Erinnerungen erfüllt von Dankbarkeit für diese kurze und kostbare Zeit. Noch über 30 Jahre, nachdem er Münster verlassen hat, hebt der Kardinal in seinem Lebensbericht die »Großzügigkeit von Münster«[232] hervor, die »Wertschätzung im Kollegium« und den großen »Zuspruch der Hörerschaft«.[233] Kurz bevor er Münster verließ, hatte er am 29. April 1966 an den Dekan der Katholisch-Theologischen Fakultät geschrieben:

»Ich möchte bei dieser Gelegenheit der ganzen Fakultät noch einmal meinen aufrichtigen und herzlichen Dank aussprechen für alles Wohlwollen und Verständnis, das ich hier vom ersten Tage an bis heute unverändert jederzeit gefunden habe und das mir die münsteraner Jahre zu einer kostbaren und unverlierbaren Erinnerung machen wird. Wenn ich trotzdem mich zu dem Wechsel entschlossen habe, so geschah es, weil ich der Möglichkeit, in größerer Nähe meiner Heimat zu wirken, mich trotz alles Schönen, das ich hier gefunden habe, nicht versagen konnte. Ich darf jedoch der Hoffnung Ausdruck geben, dass die freundschaftliche Verbundenheit mit der hiesigen Fakultät auch nach meinem Weggang erhalten bleibt sowie ich meinerseits versichern darf, dass ich mich mit Münster immer eng und dankbar verbunden wissen werde.«[234]

Es kommt nicht auf die Dauer eines Lebensabschnitts an, sondern auf den Wert, den er im Lebensganzen besitzt. In der Biografie von Joseph Ratzinger / Papst Benedikt XVI. bleibt Münster darum ein führender Platz gewiss.

Dokumentation

Theologische Fragen auf dem Zweiten Vatikanischen Konzil

Joseph Ratzingers Vortrag vor der Dechantenkonferenz des Bistums Münster

Während einer Tagung der Dechantenkonferenz des Bistums Münster unter Leitung von Bischof Josef Höffner, die vom 4. bis 6. Juni 1963 in der Landvolkshochschule »Schorlemer Alst« in Freckenhorst stattfand, hielt der gerade nach Münster berufene Professor Joseph Ratzinger am 6. Juni den Hauptvortrag mit anschließender Aussprache, der die wesentlichen theologischen Fragen auf dem laufenden Zweiten Vatikanischen Konzil zur Sprache brachte. Im Folgenden wird der Wortlaut des Vortrags nach dem Protokoll der Dechantenkonferenz dokumentiert.

Hans Küng hat in seinem Büchlein »Kirche im Konzil« darauf hingewiesen, dass es einer der Vorzüge der ersten Sitzungsperiode des gegenwärtigen Konzils gewesen sei, dass es gelungen sei, eine Theoretisierung des Konzils zu vermeiden. Damit ist in der Tat etwas Wichtiges ausgesagt: Ein Konzil ist etwas vom Wesen her anderes als ein Kongress von Theologen. Seine Aufgabe ist es nicht, Streitfragen der Gelehrten zu entscheiden, sondern Sorge zu tragen für den lebendigen Glauben der Kirche. Das kann zwar nicht ohne den Dienst der Theologie geschehen, ist aber doch etwas anderes als unmittelbar theologische Arbeit. Theologie hat also auf dem Konzil eine wichtige, aber doch sekundäre Funktion: Sie ist dem Größeren des lebendigen Glaubens der ganzen Kirche, um den es hier geht, eingeordnet.

Damit ist die innere Grenze des Themas deutlich gemacht, das hier behandelt wird; eine äußere Grenze besteht darin, dass ich mich auf die Fragen der dogmatischen Theologie beschränken möchte, weil die vermutliche Richtung der moraltheologischen Probleme im Augenblick noch zu sehr im Dunkel ist, als dass man darüber schon präzise Aussagen machen könnte. Demgemäß ergeben sich vier hauptsächliche Fragenkreise: die Theologie der Liturgie, die Theologie der Offenbarung (»Schrift und Überlieferung«), Fragen der Ekklesiologie, das mariologische Problem.

I. Die Theologie der Liturgie

Dass das Konzil seine Arbeit mit der Beratung des Schemas über die hl. Liturgie begann, erschien manchem zunächst als ein zweifelhafter Anfang. Konnte die Kirche es sich leisten, in einer Zeit, in der die Grundlagen infrage gestellt sind, in der der Atheismus nicht mehr bloß ein Randphänomen ist, sondern die geistige Krise eines ganzen Jahrhunderts ausdrückt, mit einer Reform ihres Gottesdienstes zu beginnen? Bewies sie damit nicht wieder einmal ihre Unfähigkeit, auf die Nöte der Zeit sachgerecht zu antworten, indem sie sich in ihre eigenen Spezialitäten zurückzog?

Man konnte in der Tat befürchten, dass das Konzil auf diese Weise von Anfang an wieder eine Privatbeschäftigung der Kirche mit ihren internen Sorgen sein würde, zu denen der Mensch von heute längst keine Beziehung mehr hat. Rückschauend dürfen wir sagen, dass diese Befürchtungen sich nicht bestätigt haben. Zunächst war die Entscheidung für den Primat der Liturgie einfach dadurch gerechtfertigt, dass die Kirche damit den allzeit bleibenden Primat der Anbetung vor jedem Eigenwerk des Menschen ausdrückte. In einer Zeit, die durch die Herrschaft der Apparate gekennzeichnet ist und den Menschen selbst einem reinen Funktionalismus zu unterwerfen droht, legte das Liturgie-Schema ein höchst notwendiges Bekenntnis zur Freiheit des Menschen ab, dessen letzter Sinn nicht irgendeine Funktion im technischen Getriebe ist, sondern die zweckfreie Gebärde der anbetenden Liebe. In diesem Sinn war das Liturgie-Schema nun dennoch gerade durch seine Absichtslosigkeit eine tiefgehende Antwort auf die Frage des Jahrhunderts. Über alle vordergründigen Nöte hinweg vollzog sich hier ein Bekenntnis des Glaubens zu dem, was der wahre Lebensquell der Kirche und so der eigentliche Ausgangspunkt aller Erneuerung ist.

Darüber hinaus hat das Liturgie-Schema aber einen bedeutsamen Fortschritt in einer Reihe von Einzelsektoren des theologischen Bemühens gebracht. Als Erstes darf man hier die Erneuerung der Theologie des Wortes nennen, die sich in diesem Text ausdrückt. Sie zeigt sich zunächst darin, dass der Wortgottesdienst, der im durchschnittlichen christlichen Bewusstsein bis vor kurzem nur noch als »Vormesse«, als eine Art Auffangzeit der Unpünktlichen, erschien, wieder in seiner eigenen Bedeutung als Liturgie des Wortes neben der Liturgie der Zeichen hergestellt wird. Dem dient die Erneuerung der Perikopenordnung, durch die die Schätze der Hl. Schrift in einem weit größeren Maße als bisher in die Liturgiefeier einbezogen werden sollen. Dem dient des Weiteren eine nachdrückliche Betonung der Homilie, die wieder als wesentlicher Teil des Gottesdienstes erschien.

Gewiss wird in dem Text des Konzils keine tief greifende spekulative Theorie des Wortes entwickelt, aber vielleicht wird die einfache Tatsache, dass das Wort wieder in seine volle Würde in der Liturgie eingesetzt wird, eine stärkere Strahlkraft beweisen als alle Reflexionen sie haben könnten, und der Reflexion erst wieder den festen Boden der Wirklichkeit schaffen, auf dem sie sich kraftvoll entfalten kann.

Von diesem Aspekt her wird man auch die Bedeutung des Ringens um den Anteil der Muttersprache im Gottesdienst würdigen müssen. Letztlich geht es dabei um die Entscheidung, ob das Wort in der Liturgie mehr den Sinn einer verhüllenden Ikonostase oder den einer verkündigenden Anrede haben soll. Wenn Letzteres sich durchsetzen konnte, bedeutet dies zugleich den Rückgriff über eine jahrhundertelange geschichtliche Entwicklung hinüber auf die biblischen Ursprünge.

Ein weiterer theologisch bedeutsamer Vorgang, der sich in dem liturgischen Schema verbirgt, ist darin zu sehen, dass es jene Erneuerung der Eucharistielehre aufgreift und authentisch zusammenfasst, die sich in dem Bemühen der liturgischen Bewegung Bahn gebrochen hatte. Der Text, der dem Konzil vorlag und von ihm grundsätzlich schon angenommen ist, geht in diesem Ja zur neuen Theologie weit über die Enzyklika »Mediator Dei« hinaus. Ohne dass die Haltung der eucharistischen Anbetungsfrömmigkeit preisgegeben würde, wird doch wieder der Vorrang des Ereignisses der sakramentalen Feier vor der statischen Substanzgegenwart deutlich gemacht: Das primäre Geheimnis der Eucharistie ist die Tatsache, dass Christus, der Gekreuzigte und Auferstandene, sich mit den Seinen zu Tische setzt und ihnen Anteil gewährt an seinem durch das Opfer des Kreuzes hindurchgegangenen Leben; die substanzielle Gegenwart des Herrn ist diesem dynamischen Vollzug der Tischgemeinschaft mit dem Auferstandenen zugeordnet und rechtens nur von ihr her und auf sie hin zu verstehen.

Indem der Konzilstext sich dieses jahrhundertelang verdeckte Grundverständnis des eucharistischen Sakramentes zu Eigen macht, führt er zugleich zu einer Erneuerung der Lehre von der Kirche. Die im Spätmittelalter sich durchsetzende liturgische Feier hatte fast notwendig zu einem ausgesprochen individualistischen Eucharistieverständnis geführt, in welchem Eucharistie wesentlich als die Begegnung des Einzelnen mit seinem Meister erschien. Auf diese Weise war gleichzeitig eine bedenkliche Verarmung des Kirchenbegriffs eingetreten; die Kirche ragte nun nicht mehr in den inneren Vollzug der Begegnung mit Christus herein, sie wurde zum juristischen, äußeren Rahmen, zu einer Art christlichem Obrigkeitsstaat, dessen sakramentaler Sinn nur noch mühsam zu erkennen war.

Ursprünglich hingegen waren Eucharistielehre und Ekklesiologie untrennbar ineinander verflochten. Kirche definierte sich von Eucharistie her, und Eucharistie schloss das Geheimnis der Kirche ein. Diese eucharistische Ekklesiologie ist mit dem erneuerten Verständnis des Altarsakramentes, wie es im liturgischen Schema sich ausdrückt, von selbst wieder ans Licht gehoben. Kirche erscheint wieder als die Gemeinschaft derer, die miteinander den Leib Christi empfangen, um so selbst zum Leib Christi, zum Werkzeug der göttlichen Nähe in der Welt auferbaut zu werden.

Die Sicht der Eucharistie vom Ereignis der Opfer- und Tischgemeinschaft her rückt damit von selber auch den Gemeinschaftscharakter der Messfeier in den Blickpunkt. Das individualistische Eucharistieverständnis des Spätmittelalters hatte zur Zersplitterung in die Vielheit der Seitenaltarmessen geführt. Man hatte Eucharistie falsch rechnerisch betrachtet, von den Früchten her, die sie einträgt und die man mit der Zahl der gefeierten Messen immer weiter zu erhöhen hoffte.

Unserer Generation ist wieder deutlich geworden, dass es eine Degradierung des Christusopfers und seiner sakramentalen Vergegenwärtigung in der Heiligen Messe ist, wenn man es zu einer Art Privatandacht des Priesters macht und es dabei unter dem Gesichtspunkt seines geistlichen Nutzwertes ein wenig gar zu egozentrisch betrachtet. Wenn daher das Liturgie-Schema betont, dass die Messfeier in Gemeinschaft vorzuziehen sei, so wird damit zunächst eine praktische Reform in die Wege geleitet, die für die konkrete Gestalt der katholischen Frömmigkeit von großer Bedeutung werden kann; in solchem praktischen Wandel aber verbirgt sich etwas sehr Wesentliches: Es wird durch die Verkrustung der Jahrhunderte hindurch der ursprüngliche Wille des Herrn wieder reiner und ungebrochener zur Geltung gebracht.

Demjenigen, der um die Bruchstellen zwischen den christlichen Konfessionen weiß, die ja gerade auch über der heiligsten Hinterlassenschaft des Herrn – dem Sakrament seiner Gegenwart in Brot und Wein – sich zerstritten haben, braucht über die ökumenische Bedeutung eines solchen Vorgangs nichts gesagt zu werden. Weisen wir stattdessen noch auf zwei andere Tatbestände hin, in denen sich die gleiche Richtung ausprägt: Die Bemühungen, der Konzelebration stärker als bisher Raum zu schaffen, gelten offenkundig demselben Anliegen. Die beabsichtigte Gewährung des Laienkelches für bestimmte Fälle, die von der breiten Öffentlichkeit als besonders auffällig empfunden wurde, ist verglichen mit alledem wohl eher zweitrangig zu nennen, obgleich sie für die Herstellung der vollen Zeichenhaftigkeit des Sakramentes wie für die rechte Erkenntnis der geistlichen Würde des Laien von nicht geringer Bedeutung ist.

Schließlich muss noch eine Bestimmung des Liturgie-Schemas erwähnt werden, der wiederum erhebliche ekklesiologische Bedeutung zukommt. In seiner endgültigen Gestalt, die vom Plenum bereits mit großer Mehrheit angenommen wurde, enthält nämlich das erste Kapitel eine Bestimmung, wodurch den Bischofskonferenzen in bestimmtem Umfange das Recht liturgischer Gesetzgebung für ihren Bereich zugesprochen wird. Man muss bedenken, dass die Bischofskonferenzen bisher keine Figur des kanonischen Rechtes waren und daher rein beratenden Charakter ohne rechtliche Befugnisse trugen. Mit der genannten Bestimmung treten die Bischofskonferenzen als ein neues Element in der kirchlichen Verfassung in Erscheinung und bilden so ein Zwischenglied quasi-synodaler Art zwischen dem einzelnen Bischof und dem Papst. Auf diese Weise ist in den Aufbau der Kirche ein synodalartiges Element als beständige Größe eingetreten und damit dem Kollegium der Bischöfe eine neue Funktion zugewachsen.

Insofern kommt dieser kleinen Bestimmung große Bedeutung zu: Zunächst stellt sie einen ganz praktischen Weg zur Stärkung des Bischofsamtes dar; vielleicht darf man sagen, dass dieser praktische Schritt auf die Dauer gewichtiger sein könnte als alles, was an noch so bedeutender Theorie zu diesem Thema gesagt wird. Zum anderen eröffnet sich damit eine bisher so nicht gegebene Möglichkeit zur Verwirklichung der Katholizität der Kirche, denn durch diese Dezentralisierung der liturgischen Gesetzgebung wird es möglich sein, der kulturellen und geistigen Vielfalt der Menschheit in der Kirche ganz anders als bisher Rechnung zu tragen, den ganzen Reichtum der Menschheit in den Gottesdienst des Gottesvolkes einzubeziehen und das Pfingstwunder der Kirche, die in vielen Sprachen spricht, wieder konkrete Realität werden zu lassen.

II. Zur Theologie der Offenbarung

Das zweite theologisch bedeutsame Konzilsschema, das erste der eigentlich dogmatischen, das zur Beratung kam, handelte von den »Quellen der Offenbarung«. Es stellte das Konzil vor eine gänzlich andere Situation. War das Liturgie-Schema aus dem lebendigen Aufbruch unseres Jahrhunderts hervorgewachsen und ganz von den Kräften der Erneuerung her gestaltet, so war das Offenbarungsschema von jenen Kräften geprägt, die den Abwehrkampf gegen die modernistische Versuchung geführt hatten. So war es gänzlich auf Bewahrung abgestellt. Man muss, um diesen Text zu verstehen, auf die Krise zurückgreifen, die die Kirche um die Jahrhundertwende erschüttert hatte. Die Fortschritte der historischen Forschung hatten das gesamte Problem der christlichen Ursprünge neu gestellt.

Die Hl. Schrift, bisher als reines Gotteswort mit scheuer Verehrung betrachtet, war unter den Händen der Historiker in ihrer ganzen Menschlichkeit in Erscheinung getreten. Das Ganze der christlichen Anfänge schien sich aufzulösen in eine Reihe von historischer Zufälligkeit; die Originalität der biblischen Religion erschien durch die Kenntnis der vielfältigen geschichtlichen Abhängigkeiten aufgehoben oder wenigstens gefährdet zu sein. In diesem Augenblick, in dem der Sog der Kritik das Ganze des Glaubens mit sich fortzuziehen drohte, hatte die Kirche energisch und unerbittlich gegen die Eigenmacht der historischen Vernunft Stellung bezogen und ihr mit einer Reihe von Dekreten sozusagen die Tür gewiesen.

Damit war die Gefahr zwar im Augenblick gebannt, aber die Fragen, die nun einmal erhoben waren, blieben ohne Antwort. Deshalb musste in einer ruhigeren Situation das Ringen um die Frage weitergehen und ein modus vivendi zwischen Glaube und historisch-kritischer Methode gesucht werden. Dass man Letztere auf die Dauer nicht ausschließen konnte, ohne den Menschen von heute selbst mit auszuschließen, wurde immer deutlicher. Langsam begann sich die Theologie zu Lösungen vorzutasten. Die Menschlichkeit der Schrift, deren volle Erkenntnis zunächst so schockierend gewirkt hatte, fing an, als ein Teil der Menschlichkeit Gottes, der vollen Menschwerdung des Logos in Jesus Christus, verständlicher zu werden. Es wurde sichtbar, dass es nicht nötig, ja nicht einmal erlaubt ist, »Inspiration« als mechanische Eingebung zu verstehen, dass sie vielmehr ein Teil der Menschwerdung des Wortes ist, in der Gott sich in das Menschliche, d. h. in die geschichtlichen (auch in die religionsgeschichtlichen) Zusammenhänge des Menschen hineinbegibt.

So wurde auch verständlich, dass biblische Geschichtsschreibung etwas anderes ist als ein historisch-kritischer Bericht, dass sie von den Maßstäben ihres Wollens und ihrer Zeit her gemessen werden muss, um recht verstanden zu werden. Es wurde sichtbar, dass der Begriff der »Irrtumslosigkeit« einen weniger mechanischen Sinn hat, als ein in Naturwissenschaft und historischer Forschung geschultes Jahrhundert auf seine Weise naiv unterstellt.

Immer deutlicher zeigte es sich, dass bei geduldigem Zusehen die historische Forschung den Glauben nicht auflöst, sondern ihn uns neu verstehen lehrt, auch wenn damit nicht jede Gefährdung erloschen ist, weil es zwischen zwei dynamischen Größen, wie Glaube und Vernunft es sind, keine für immer fixierbare Grenze, sondern nur ein immer neues Ringen um das gegenseitige Zueinander gibt. Wenn man weiß, dass alles Große zugleich gefährlich ist, wird man die unbestreitbare Gefährdung, die von der historischen Vernunft ausgeht, nicht mehr als Grund ansehen dürfen, sie für schädlich oder unerlaubt zu halten.

Eine ähnliche Entwicklung hatte sich hinsichtlich des Verständnisses der Überlieferung abgespielt. Die Vorstellung von deutlich umgrenzten Einzelwahrheiten, die neben der Schrift von Anfang an mündlich weitergegeben wurden, erwies sich unter dem Zugriff der historischen Vernunft immer mehr als unhaltbar. Nur am Anfang konnte man davon eine völlige Auflösung des Traditionsgedankens befürchten. Allmählich zeigte sich, dass Überlieferung nach dem Abbau eines allzu mechanischen Verständnisses in ihrem dynamischen Charakter als die lebendige Entfaltung der einmal gegebenen Wahrheit sichtbar wird, ohne die es kein Bewahren des Ursprünglichen geben kann.

Tradition erscheint uns nicht mehr als ein abgeschlossener Schatz von Einzelwahrheiten, wohl aber als die lebendige Kraft, durch die die eine Wahrheit erhalten und entfaltet wird die Zeit der Geschichte hindurch. Ihre Unumgänglichkeit zeigt sich auf solche Weise deutlicher als je zuvor. Wenn demnach im geistigen Ringen der letzten Jahrzehnte allmählich neue Wege des Einverständnisses zwischen Glaube und Geschichte sichtbar geworden sind, so wird man freilich auch nicht verschweigen dürfen, dass die ganze Entwicklung noch immer im Fluss ist und noch wenig endgültige, deutlich formulierbare Ergebnisse gezeigt hat. Man vermag heute eher anzugeben, welche Vorstellungen nicht mehr brauchbar sind, als welche neuen Aussagen stattdessen verbindlich einzusetzen sind. Insofern ist es verständlich, dass die päpstlichen Behörden, die den Kampf mit dem Modernismus geführt hatten, der neuen Bewegung abwartend gegenüberstehen. Für sie ist der Eindruck der Gefahr noch immer überzeugender als das Auftauchen neuer Möglichkeiten für den Glauben.

Aus dieser Position der Vorsicht heraus waren die dogmatischen Schemata formuliert. Aber gerade so konnten sie nicht mehr als zeitgemäße Antwort auf die Bedürfnisse der Stunde erscheinen. Die Schwierigkeit in der Auseinandersetzung bestand darin, dass man sehr deutlich angeben konnte, worin diese Texte unannehmbar waren, indem sie Grenzen setzten, die als vorläufiger Halt gegenüber der Flut seinerzeit ihr Recht hatten, aber auf die Dauer Erstarrung und Verzicht auf den lebendigen Menschen von heute bedeutet hätten. Hingegen war es nicht ebenso einfach, stattdessen positive Lösungen anzubieten, über die man sich allseits hätte verständigen können. Dazu war offensichtlich die Zeit noch nicht reif.

Aus diesem Grund wird man als Ertrag des dramatischen Ringens, zu dem der vorgelegte Text herausgefordert hatte, wahrscheinlich einen wenig charakteristischen Kompromiss erwarten müssen. Dennoch kommt der Auseinandersetzung, aus der dieser Kompromiss hervorgewachsen ist, erhebliche Bedeutung zu. Denn sie bedeutet die Abwendung von der bislang maßgebenden antimodernistischen Einstellung und damit einen geistigen Durchbruch, durch den die Voraussetzungen für ein fruchtbares Gespräch zwischen der Kirche und der geistigen Welt von heute erstritten worden sind.

III. Fragen der Ekklesiologie

Im Blick auf die unerledigte Thematik des Konzils von 1870 wie im Blick auf die geistige Physiognomie des »Jahrhunderts der Kirche« hatte man das neue Konzil von Anfang an als ein betont ekklesiologisches Konzil erwartet, dessen Mittelpunkt das Ringen um eine vertiefte Lehre von der Kirche sein würde. Tatsächlich wird das Schema »De Ecclesia« aller Voraussicht nach das Herzstück der konziliaren Arbeit bilden. Die Diskussion darüber ist zwar in der ersten Sitzungsperiode schon angelaufen, wird aber ihren eigentlichen Ort erst in der zweiten Sitzungsperiode haben. Die Fragen, die hier anstehen, sind so vielfältig und in sich wiederum so differenziert, dass es nicht möglich ist, sie hier auch nur annähernd zu behandeln. Ich muss mich daher mit ein paar Andeutungen begnügen.

a) Die Frage nach dem Wesen der Kirche

Ein erster Fragenkreis wird der Bemühung um ein sachgerechtes Wesensverständnis der Kirche gelten. Die Enzyklika »Mystici Corporis« vom Jahre 1943 hatte hier bereits einen ersten Einschnitt gesetzt. An die Stelle eines vorwiegend juridischen Kirchenverständnisses war mit diesem Dokument nach Jahrhunderten endlich wieder eine Auslegung der Kirche vom Mysterium her getreten. Das Verständnis der Kirche im Sinn der Idee des »mystischen« Leibes Christi war vor allem in der Theologie der Jugendbewegung und der liturgischen Bewegung zwischen den Weltkriegen gewachsen. Aus diesem Grund hatte man gerade in Deutschland den Ansatzpunkt der Enzyklika des Jahres 1943 lebhaft begrüßt.

Das vorgelegte Konzilsschema war gleichfalls ganz von diesem Gedanken beherrscht. Erstaunlicherweise stieß es nicht zuletzt darum auf Widerspruch. Inzwischen hatten sich nämlich neue Gedankenkomplexe in den Vordergrund geschoben. Man hatte erkannt, dass eine einseitige Auslegung der Kirche von diesem Bild her ungeeignet ist, um das Ineinander von Sichtbar und Unsichtbar, von Göttlich und Menschlich in der Kirche angemessen auszudrücken. Des Weiteren hatte es sich gezeigt, dass mit diesem Bild der Aspekt der Identifikation von Christusgeschehen und Kirche einseitig herausgehoben wird, während es kaum möglich ist, die bleibende Trennung und Unterschiedenheit des Herrn von der Kirche von ihm her deutlich zu machen. So hatte man zu dem gleichfalls biblisch bezeugten Begriff des Volkes Gottes seine Zuflucht genommen, der allen diesen Anliegen eher gerecht zu werden schien und überdies den Vorteil größerer sachlicher Klarheit anbot.

Ohne der Entscheidung des Konzils vorgreifen zu wollen, wird man vielleicht doch sagen können, dass die künftige Entwicklung den augenblicklich wohl zu stark empfundenen Gegensatz zwischen den Begriffen »Leib Christi« und »Volk Gottes« als einigermaßen künstlich erscheinen lassen wird, denn die Rede vom Leib Christi hat ursprünglich nicht jenen etwas unbestimmbar mystischen Sinn, den ihr die Theologie der Romantik unterlegt hat, sondern ist fest verankert im sakramentalen Geschehen. Sie drückt den Eucharistiecharakter der Kirche aus, die von der Tischgemeinschaft mit dem Erhöhten lebt und so als Gottesvolk aufgebaut wird.

Man kann vom Neuen Testament her die Kirche gut als Volk Gottes definieren, muss aber bedenken, dass sie eine ganz spezifische Form des Volkseins hat: Sie wird Volk nicht durch irgendwelche profanen oder profanjuristischen Zusammenhänge, sondern dadurch, dass der Herr sie im Geschehen der Verkündigung und der sakramentalen Handlung in die Einheit seines Leibes hineinversammelt.

Man darf also sagen, dass die Kirche nach neutestamentlichem Verständnis Volk Gottes vom Leib Christi her ist, dass die beiden Begriffe keinen Gegensatz bilden, sondern erst miteinander das Wesen der Kirche zum Ausdruck bringen.

b) Die Frage der Kirchengliedschaft

Eine zweite Frage, die bereits seit der Enzyklika von 1943 zu einer lebhaften Diskussion geführt hat, lässt sich in die Formulierung kleiden: Wer gehört zur Kirche? Die Theologie findet sich durch diese Frage, auf deren Antwort vor allem unsere getrennten christlichen Brüder warten, vor ein gewisses Dilemma gestellt. Einerseits hat vor allem die Kanonistik einen Kirchenbegriff ausgebildet, nach dem jeder Getaufte der Kirche zugehört; andererseits behaupten Dogmatik und Fundamentaltheologie seit Jahrhunderten, dass Kirchenglied nur sei, wer im Bekenntnis des gleichen Glaubens, in der Gemeinschaft der Sakramente und im Gehorsam gegen den Papst steht. Nach diesem Kirchenbegriff würde nur den nicht exkommunizierten Katholiken die Kirchengliedschaft zukommen, allen nichtkatholischen Christen müsste sie abgesprochen werden.

Es ist unmöglich, hier auf die geschichtlichen Hintergründe dieses Zwiespaltes einzugehen, ohne die eine sachliche Lösung indessen kaum gefunden werden kann. Nur so viel sei gesagt: Die Kirche hat in harten Auseinandersetzungen die Anerkennung der so genannten Ketzertaufe, d. h. der durch nichtkatholische Christen gespendeten Taufe, durchgesetzt. Sie hat damit das Christsein aller Getauften ausdrücklich anerkannt. Wenn aber gilt, dass Christsein nie ein bloß privater Sachverhalt ist, sondern Zugehörigkeit zum ganzen Christus und so zu allen Brüdern Christi, zur Kirche, mit einschließt, dann ist einfach mit dieser Aussage schon eine grundlegende Form von Kirchenzugehörigkeit für alle Getauften anerkannt. Wie man sie begrifflich fassen will, ist eine andere Frage.

Wenn die Vertreter der vorhin skizzierten Auffassung darauf beharren, dass das Wort »Glied der Kirche« nur auf Katholiken Anwendung finden könne, mag man ihnen diese terminologische Festlegung lassen. Man sollte nicht unnötig um Worte streiten. Klar bleiben muss nur, dass unbeschadet der Frage, wie weit die Bedeutung des Wortes »Glied« auszudehnen ist, allen Getauften eine fundamentale Zugehörigkeit zur einen Kirche eignet.

In der Vergangenheit wurde die Gliedschaftsfrage meistens eng mit der Heilsfrage verkoppelt. Das war richtig, solange die Lehre von der Heilsausschließlichkeit der Kirche in einem streng wörtlichen Sinn verstanden wurde. Seitdem man erkannt hat, dass diese Lehre weniger etwas über den Kreis der Geretteten aussagt als über die Kräfte, die in jeder Rettung wirksam sind, kann man auf eine solch enge Koppelung verzichten, die das Gliedschaftsproblem nur ungebührlich belastet hat.

Was nun das Heil der Vielen anbelangt, so scheint es, dass sich die Fragestellung heute in etwa verschoben hat. Dass nicht nur katholische Christen zum Heil kommen, ist uns heute kein Problem mehr. Die Frage wird viel eher lauten, worin die dennoch verbleibende Notwendigkeit und Unerlässlichkeit des Dienstes der katholischen Christen beruht, wenn es Heilswege auch außerhalb der Grenzpfähle der sichtbaren Kirche gibt. Es geht nicht mehr um das Heil der anderen, das wir nicht zu besorgen haben, weil es Gottes Sorge ist; es geht vielmehr um den Sinn unseres eigenen Dienstes, und damit ist die Frage erst wieder theologisch und geistlich richtig gestellt.

Von hierher wird auch um ein neues Fundament für die Theologie der Mission zu ringen sein. Mission kann nicht mehr naiv von dem Gedanken her begründet werden, dass die Menschen ohne Mission ausweglos der Hölle verfallen seien. Sie muss tiefer begründet werden, aus dem Mysterium der Kirche und der Geschichte überhaupt: als Auftrag der Einigung der zerrissenen Menschheit in die Einheit des pfingstlichen Geheimnisses hinein. Freilich wird man gerade auch in dieser Frage zugeben müssen, dass wir (ähnlich wie bei den Problemen der Offenbarungsvermittlung) noch am Anfang stehen, und dass deshalb noch viel Behutsamkeit vonnöten ist.

c) Die Frage des Bischofsamtes

Nachdem das Konzil von 1870 die Vollgewalt des Papstes definiert hat, hat man von vornherein als einen der Schwerpunkte der jetzt zu behandelnden umfassenden Ekklesiologie eine vertiefte Theologie des Bischofsamtes erwartet. Natürlich kann und soll das jetzige Konzil die Lehre des vorangegangenen nicht zurücknehmen, aber es kann doch dadurch vorwärts führen, dass es sie ergänzt und in den größeren Zusammenhang einordnet, in dem sie erst vollends verständlich wird. Als Ansatzpunkt bietet sich der Gedanke der Kollegialität an, wie er in der Nachkriegszeit vor allem von belgischen Theologen erarbeitet wurde. Von ihnen wurde herausgestellt, dass der einzelne Bischof keine für sich bestehende Größe ist, sondern eingeordnet werden muss in das Ganze des collegium episcoporum.

Bedenken wir, um dies zu verstehen, Folgendes: Christus, der Herr, hat die Gemeinschaft der Zwölf berufen. Ihre erste Funktion war es nicht, Apostel zu sein (das wuchs ihnen erst nach Pfingsten zu), sondern ihr erster Auftrag war es, Zwölf zu sein, in der eschatologischen Zeichenhaftigkeit dieser heiligen Zahl der Geschichte Israels den Anbruch des neuen Gottesvolkes auszudrücken. So bilden sie zunächst die Gemeinschaft der Zwölf, in der der Einzelne isoliert für sich keine Bedeutung hat, sondern allein durch sein Mitsein mit den anderen seinen Auftrag vollzieht. Nur indem er einer von den Zwölf ist, ist er das, was er sein soll. Die Bischöfe nun sind wiederum nicht einzeln die Nachfolger einzelner Apostel, sondern das Kollegium der Bischöfe bildet die Übertragung des Kollegiums der Apostel in die nachapostolische Zeit. Das eine Kollegium setzt das andere fort, löst es ab. So liegt die »Nachfolge der Apostel« bei einem Kollegium, nicht bei einem einzelnen Amtsträger. Demgemäß ist es dem einzelnen Bischof wesentlich, in der Gemeinschaft mit den anderen Bischöfen zu stehen, die mit ihm zusammen das collegium episcoporum bilden. Nur so hat er Teil am apostolischen Amt der Kirche.

Auf diese Weise wird zweierlei sichtbar. Zuerst dieses, dass die Gemeinschaft der Bischöfe der Gemeinschaft der Apostel entspricht und zusammen die Vollgewalt des kirchlichen

Amtes innehat; sodann dieses, dass der Papst so wenig außerhalb des Episkopates steht, so wenig Petrus neben den Zwölfen stand, da er doch einer von ihnen, wenn auch ihr Erster war. Der Papst hat seinen Ort nicht außerhalb des Episkopates, sondern in ihm: Er hat seine primatiale Funktion nur in der Einheit mit den Bischöfen der ganzen Welt. Gewiss bleibt er ihr Erster; als Nachfolger eines bestimmten Apostels, des Petrus, mit der Vollgewalt ausgestattet, die diesem verliehen war. Dennoch kehrt er bei einer solchen Überlegung gleichsam in den Schoß des Episkopates zurück, von dem ein überspannter Papalismus ihn im Geiste losgetrennt hatte.

Auf die kanonische Setzung der Bischofskonferenzen und die damit gegebene Stärkung der Bischofsgewalt habe ich schon bei der Darstellung des liturgischen Schemas hingewiesen. Das Wichtigste an diesem Vorgang liegt neben dem schon Gesagten auch in der Stärkung der Verbindung der Bischöfe des Erdkreises untereinander und so in der inneren Verstrebung des Katholischen, das nicht mehr bloß vertikal auf die Mitte hin ausgerichtet, sondern horizontal untereinander verbunden ist im lebendigen Austausch der Glieder des Leibes Christi.

IV. Das mariologische Problem

Über das mariologische Schema hat eine konziliare Diskussion noch nicht stattgefunden. Dennoch blickt der Text bereits auf eine wechselvolle Vorgeschichte zurück, indem er bald vom Kirchenschema losgelöst, bald wieder mit ihm vereinigt wurde. In dieser scheinbar rein formalen Streitfrage kommt in Wirklichkeit das eigentliche Sachproblem zum Vorschein, um das es bei der mariologischen Diskussion gehen wird. Man ist sich ja darüber einig, dass neue Mariendogmen nicht geschaffen werden sollen. So wird die Hauptfrage von selber die theologische Ortsbestimmung der schon gegebenen marianischen Dogmen bilden.

Die theologische Arbeit der letzten Jahre hat immer mehr deutlich werden lassen, dass der eigentliche Ort des mariologischen Geheimnisses in der Ekklesiologie liegt. Maria steht nicht auf der Ebene Jesu Christi, gleichsam als eine Konkurrenz zu ihm, sondern als die Mutter der Glaubenden auf der Ebene jener, die im Glauben Christus nachfolgen. Anders gesagt: Sie ist die zeichenhafte Zusammenfassung der christlichen Existenz überhaupt. Von diesem Ausgangspunkt her gewinnen die Mariendogmen ihren christlichen legitimen Sinn. Sie drücken nicht einen eigenmächtig errichteten Zwischenbereich zwischen Christus und den Christen aus, sondern zeigen den Ort der christlichen Existenz im Geheimnis des Herrenleibes an.

Zweifellos kann man vom ökumenischen Standpunkt aus einem mariologischen Schema mit einer gewissen Sorge entgegenblicken. Wenn es aber gelingen sollte, durch diesen Text die Mariologie einzuholen in die Ekklesiologie, Maria als Zeichen des Lebens im Glauben darzustellen und so den Sinn der Mariendogmen von deren Wurzel her neu zu beleuchten, dann könnte gerade auch dieser Text einen Fortschritt für das Gespräch mit den getrennten Brüdern bringen an einem Punkt, an dem die Trennung besonders tief und die Aussicht auf Verständigung besonders dunkel erscheint.

Schlussbemerkung

Wenn man das Gesagte überlegt, wird deutlich, vor welch großen Aufgaben das Konzil noch steht, welches Ringen noch nötig sein wird, um sein Vorhaben zu erfüllen. Die Größe der Aufgabe, die umso deutlicher wird, je näher man in die Einzelheiten eintritt, war auch der Grund dafür, dass viele mit Sorge und Bangen der ersten Sitzung entgegensahen. Ihr tatsächlicher Verlauf zeigte, dass sie (und gehörten nicht auch wir selber zu diesen vielen?) zu gering von der Macht des Geistes Gottes in seiner Kirche gedacht hatten. Das Geschehene berechtigt, trotz all der ernsten Schwierigkeiten, die bleiben, zu Optimismus.

Aber reden wir lieber statt von der profanen Sache des Optimismus von jener Zuversicht des Glaubens, die der wahre Grund für den Optimismus des heimgegangenen Papstes Johannes XXIII. war, dessen Vermächtnis über dem Konzil steht. Wenn wir jenen mutigen Glauben in uns aufnehmen, der ihn durch die Zeit der Vorbereitung geleitet und an der dunklen Schwelle des Todes nicht verlassen hat, dann werden wir als Hoffende ohne Angst dem Kommenden entgegengehen und voller Freude wissen, dass der auch heute die Kirche nicht verlassen wird, der ihr verheißen hat, bei ihr zu bleiben alle Tage bis ans Ende der Welt (Mt 28,20).

Rückblick auf das Konzil

Joseph Ratzingers Konzilsbilanz in »Kirche+Leben« 1966

Vom 13. Januar bis 24. Februar 1966 gab Professor Joseph Ratzinger in jeweils einstündigen Vorlesungen im Fürstenberghaus für die Hörer aller Fakultäten einen »Rückblick auf das Konzil«. »Kirche+Leben« dokumentierte die folgenden wesentlichen Aussagen.

I. Ausgabe vom 30. Januar 1966

Das Konzil ist zu Ende. Immer öfter wird jetzt die Frage laut: »Was ist denn nun eigentlich geschehen?« – und vor allem: »Was ist dabei herausgekommen?« Fragen der Gläubigen und Fragen an die Kirche. Der christliche Alltag ist der gleiche geblieben; das Echo der Öffentlichkeit auf das Konzil ist durchaus nicht so überschwänglich, wie manche von uns in der ersten Begeisterung erhofft hatten. Ja, man muss wohl sagen: Die Kirche hat zwar versucht, ihre Tore zur Welt zu öffnen; aber die Welt ist nicht in das offene Haus der Kirche geströmt, sie setzt uns eher noch härter zu. Innerhalb der Kirche bekommen wir jetzt die kalte Zugluft der Welt noch mehr zu spüren.

Öffnung der Kirche – für viele verband sich damit die Hoffnung, die getrennten Christen würden nun in das offene Haus hineinströmen; jetzt aber sieht es so aus, als werde viel eher von der Kirche erwartet, beispielsweise nach Wittenberg (von dort nahm die Reformation in Deutschland ihren Ausgang) zu gehen, als dass »die anderen« ins Vaterhaus nach Rom zurückkehrten. Was also ist geschehen?

Wenn in den folgenden Vorlesungen eine Antwort auf diese Frage versucht wird, so ist vorher grundsätzlich Folgendes zu bedenken: Die Frage, »welche Wirkung hat das II. Vatikanische Konzil gehabt?«, kann zum jetzigen Zeitpunkt überhaupt nur sehr vorläufig beantwortet werden – einfach deshalb, weil diese Wirkungen sich ja doch erst noch einstellen müssen. Ein Konzil kann gar nicht Antwort geben auf diese oder jene Einzelfrage; seine Aufgabe ist vielmehr, an zentralen Stellen gleichsam Markierungsstangen zu setzen, die der Kirche für die Zukunft den Weg weisen

KIRCHE +LEBEN

Falscher Alarm

„Schön war die Zeit der jungen Liebe"

Rückblick auf das Konzil

Vorlesungen von Professor Ratzinger an der Universität Münster

Als Dompropst Echelmeyer am Abend des 9. Dezember 1965 die aus Rom zurückgekehrten Bischöfe im Dom zu Münster begrüßte, schloß er in seinen Dank auch die damals noch nicht anwesenden „Periti", die Konzilstheologen, ein. Einer von ihnen, der an der Universität Münster lehrende Professor Ratzinger, hat jetzt auf seine Art, als Lehrer der Studenten, begonnen, der akademischen Öffentlichkeit Rechenschaft über das Konzil zu geben. Seit Donnerstag, dem 13. Januar, hält Professor Ratzinger jede Woche eine einstündige Vorlesung für die Hörer aller Fakultäten über das Thema „Rückblick auf das Konzil".

Zur ersten Vorlesung waren fast 800 Hörer erschienen, von denen etliche bereits eine halbe Stunde vor Beginn auf den Einlaß gewartet hatten — und schließlich mit einer schnell hergestellten Lautsprecherübertragung vorliebnehmen mußten, weil der große Hörsaal schon nach wenigen Minuten besetzt war. Der 38jährige Professor für Dogmengeschichte, der in Rom Konzilsberater von Kardinal Frings war, bürgt für volle Säle. Professor Ratzinger gehört zu den namhaftesten deutschen Theologen. In seiner Vorlesung möchte er versuchen, eine Bilanz des Konzils zu geben. Diese Wertung kann selbstverständlich nicht umfassend sein. Um unseren Lesern die Hauptgedanken dieses vielzitierten Gelehrten mitzuteilen, bringen wir künftig auf Seite 2 eine Zusammenfassung über jeweils eine Vorlesung.

Prof. Josef Ratzinger

Titelseite von »Kirche+Leben«, 30. Januar 1966: Ankündigung der Serie über Joseph Ratzingers Rückblick auf das Konzil.

sollen. Bei vielen Konzilien der Kirchengeschichte lässt sich zeigen, dass ihre wirkliche Bedeutung sich erst im Laufe der folgenden Jahrzehnte oder sogar Jahrhunderte herausstellte.

Die folgenden Überlegungen werden sich deshalb auf zwei Hauptfragen konzentrieren:

Welche Kräfte waren auf dem Konzil wirksam; wer war das eigentlich: das Konzil? Und auf welchen Fragen lag das Hauptgewicht der Konzilsarbeit?

Zunächst aber noch eine Vorüberlegung: Was ist eigentlich vom Konzil erwartet worden? Erinnern wir uns doch: Die Ankündigung eines ökumenischen Konzils durch Johannes XXIII. kam wie ein »Blitz aus heiterem Himmel«. Auf die anfängliche Begeisterung folgte bald die große Ernüchterung, als es darum ging, die konkreten Aufgaben des Konzils zu bestimmen: die Erneuerung der Kirche. Viele stellten die Frage, ob denn die Kirche überhaupt erneuerungsbedürftig sei.

Das Konzil musste also selbst herausfinden, was die immer zu erneuernde Kirche verlangt. In der Begegnung der Bischöfe in Rom fand es zu seiner eigenen Gestalt und wurde durch die fundamentale »Gewissenserforschung der Kirche« zu einer befreienden Tat.

Heute darf man wohl sagen, dass das Konzil die kleinen Maßstäbe derer hinter sich gelassen hat, die von ihm nichts anderes erwarteten als eine machtvolle Demonstration der katholischen Kirche und eine feierliche Bestätigung des Bestehenden. Doch ein Konzil, etwa nach der Art der Eucharistischen Kongresse oder gekrönt durch die Verkündigung eines neuen marianischen Dogmas, hätte vielleicht weniger Krisen erlebt, aber den Kreis des Glaubens und der Glaubenden eingeengt. Zumal die Theologie sich ohnehin auf die letzten Enzykliken zu beschränken schien, sodass sich das Katholische nur noch wie eine bestimmte lateinische Landestradition ausnahm.

II. Ausgabe vom 6. Februar 1966

Ein wesentlich neuer Zug des II. Vatikanischen Konzils gegenüber allen anderen Konzilien der Kirchengeschichte war die Notwendigkeit, dass es selbst seine eigentlichen Aufgaben erst noch finden musste. Der Grundsatz einer Lösung lag nun darin, dass die vier großen Krisen der Kirche im zweiten Jahrtausend ihrer Geschichte als die immer noch bestehenden und das Gesicht der Kirche entstellenden »Wunden« erkannt wurden. Nur von dieser großen Last her, die der Kirche durch ihre eigene Vergangenheit aufgebürdet ist, kann auch ihr jüngstes Konzil verstanden werden.

Welches sind nun die genannten vier »Wunden«?

1. Die Trennung von West- und Ostkirchen im Jahre 1054

Wenn wir – gerade in Deutschland – von »Kirchenspaltung« sprechen, denken wir fast ausschließlich an die Reformation. Wir vergessen, dass ihr eine Spaltung vorausging, die letztlich wohl auch die Reformation erst ermöglichte. Viele Zustände in der lateinischen Kirche, die den Reformatoren berechtigten Anlass zur Kritik boten, rührten daher, dass in der römischen Kirche die reiche Tradition des Ostens im geistlichen, liturgischen und theologischen Bereich in Vergessenheit geraten war.

So wurde z. B. im Westen als Aufgabe des Priesters immer ausschließlicher der Opferdienst gesehen. Der Dienst des Priesters an der Gemeinde trat demgegenüber immer mehr zurück. Das Papsttum verstand sich zunehmend nach Art einer zentralstaatlichen Gewalt. Die anderen kirchlichen Amtsträger drohten zu Handlangern des Papstes zu verkümmern.

Diese und andere Fragen suchte man auf dem Konzil durch die Rückbesinnung auf die große gemeinsame Tradition von Ost- und Westkirche zu lösen. Auf dem II. Vaticanum wurde erstmals wieder die Stimme des Ostens gehört; es begann der »Wiedereintritt des Ostens in das katholische Denken« (so der französische Dominikanertheologe Congar).

2. Die Spaltung der Kirche des Westens durch die Reformation im 16. Jahrhundert

Die verheerenden Folgen dieser Trennung kennen wir nur allzu gut. Das Konzil von Trient, das in dieser Krisensituation stattfand, konnte – so sehen wir heute – seine damalige Aufgabe nicht bewältigen: Die Fragen der Reformatoren an die Kirche wurden überhört; man verteidigte stattdessen nur gegen sie die bestehende Lehre.

3. Die zu einseitige Betonung des päpstlichen Primates auf dem I. Vaticanum von 1870

4. Die unterschiedslose Verwerfung des sog. »Modernismus« durch Pius X. (1907)

Die »Modernisten« versuchten, das Christliche in einer gegenüber dem Mittelalter inzwischen beträchtlich veränderten Welt neu zu überdenken. Zwar wurden von ihnen viele Inhalte unseres Glaubens verkürzt dargestellt; zu fragen ist aber, ob dieses Bemühen grundsätzlich verworfen werden durfte.

Keines dieser vier großen Probleme konnte durch das Konzil abschließend gelöst werden. Aber die Besinnung auf die Tradition der Gesamtkirche unterbrach doch die Verengung des römischen Triumphalismus und öffnete den Zugang zur Weite des christlichen

Ursprungs. Hier zeigt sich übrigens, dass die »progressiven« Konzilsväter die in Wahrheit traditionsverbundenen waren: Sie wussten sich der ganzen Tradition der Gesamtkirche verpflichtet! Demgegenüber scheinen die »Konservativen« (um bei den Schlagwörtern zu bleiben) die Neuerer gewesen zu sein: Ihr Blick reichte mitunter nicht weiter zurück als bis zu den Anfängen der römischen Zentralisierung.

Die Nähe dieses Konzils zum Geist des christlichen Ursprungs prägt sich besonders in folgender Tatsache aus: Das II. Vaticanum war das erste Konzil der Kirchengeschichte, das durch seine Aussagen nicht Andersdenkende aus der Kirche ausschloss und mit dem Bann belegte. Jedes frühere Konzil hatte mit dem Positiven, das erreicht wurde, auch seine Wunden hinterlassen.

Erstmals stellte sich jetzt das Konzil auf eine Ebene mit Andersdenkenden und versuchte, mit ihnen zusammen den Weg zur Wahrheit zu finden. Hier wird sichtbar, wie dieses Konzil in vieler Hinsicht einen neuen Anfang setzte.

III. Ausgabe vom 13. Februar 1966

Welche Kräfte waren auf dem Konzil wirksam? Müsste hier nicht an erster Stelle der Heilige Geist als die eigentlich das Konzil bewegende Kraft genannt werden? Vor dieser Direktheit schrecken wir aber unwillkürlich zurück; wo hätte Er denn auch unmittelbar gesprochen? Hier wird sichtbar, dass das Handeln Gottes in der Geschichte eben nie direkt – sozusagen senkrecht von oben herab – sich ereignet; Gottes Tun trägt sich immer im ganz konkreten Tun des Menschen zu. Wir müssen also nach den Menschen fragen, die das Konzil getragen haben.

Unschwer lässt sich erkennen, dass das Konzil die Züge seines »geistigen Vaters« Johannes' XXIII. getragen hat. Seine Eröffnungsrede am 11. Oktober 1962 hat den gesamten Verlauf des Konzils geprägt; wegen dieser grundlegenden Bedeutung wollen wir ihre drei Hauptlinien noch einmal skizzieren.

1. Das entschlossene Nein zu jedem Pessimismus gegenüber der Neuzeit. Jahrhundertelang war das Ende der mittelalterlichen machtvollen Position der Kirche nur als Abstieg und Zerfall gesehen worden. Das erklärte Ziel schien zu sein, die mittelalterliche Gestalt

der Kirche mit ihrer Beherrschung aller öffentlichen Bereiche wiederherzustellen.

Dieses – allgemein verbreitete – kirchliche Denken wurde von Johannes schärfstens verurteilt: Die »Mittelalter-Romantik« tut so, als ob früher alles zum Besten gestanden hätte; sie übersieht dabei aber, dass die in der Neuzeit wachsende Machtlosigkeit und Armut der Kirche zugleich eine viel größere Freiheit zu ihrem eigentlichen Auftrag eröffnet. Die Anforderung und Anrufe jeder Zeit fordern jeweils neue Reichtümer des Glaubens heraus.

So drückte sich früher die christliche Hoffnung fast ausschließlich als Weltflucht aus; heute aber sehen wir viel deutlicher, dass diese Hoffnung gerade auch eine liebende Zuwendung zu unserer Welt fordert, die doch einmal die »neue Erde« werden soll. »Schon ist Morgenröte« – dieses bewegende Wort des Papstes Johannes meint keinen naiven Fortschrittsglauben; es weiß darum, dass eine neue Zeit auch für den christlichen Glauben neue Entfaltungsmöglichkeiten mitbringt.

2. Die Forderung nach einem ganz neuen Typ von Konzil. Alle früheren Konzilien hatten die Lehre der Kirche dadurch rein zu halten gesucht, dass sie Irrlehren verurteilten. Das neue Konzil nun sollte nicht verurteilen, sondern verkündigen und Wegweiser sein für den Glauben in unserer Zeit.

3. Die Idee der Einheit der Christen. Es geht hierbei nicht nur um einen Ausgleich der Christen untereinander – gegen »die anderen«, sondern um den gemeinsamen Auftrag aller Christen an der Welt: »Alle Menschen sind Erlöste« (Johannes XXIII.).

Paul VI., der zweite Papst dieses Konzils, ist nun zweifellos ein Mann von ganz anderer Art als sein Vorgänger. Der »Sprung nach vorn«, den Johannes XXIII. vom Konzil gefordert hatte, wird nun sozusagen in einzelnen Schritten gemacht. Besonders heftigen Vorwürfen war Paul VI. wegen seiner Eingriffe in das Konzilsgeschehen ausgesetzt, als er in der dritten Sessio Abänderungen einzelner Konzilsentwürfe forderte.

Bei einer gerechten Beurteilung darf aber doch nicht übersehen werden, dass das geltende Kirchenrecht den Papst so hoch über das Konzil stellt, dass er seine Meinung praktisch nur autoritativ äußern kann. Demgegenüber wurde bereits in der 4. Sessio eine neue Form gefunden: Der Papst gab seine Vorschläge zu den Konzilsdokumenten ab wie andere Bischöfe auch; er war hier wirklich »Bischof unter Bischöfen«.

Diese Haltung könnte eine neue Auflockerung der allzu verengten Primatsidee des I. Vatikanischen Konzils zur Folge haben; so zeigt sich hier, dass das schrittweise Gehen dieses Papstes durchaus kein »Auf-der-Stelle-Treten« ist.

IV. Ausgabe vom 20. Februar 1966

Welche Kräfte haben das Konzil getragen? Zunächst war die Bedeutung der beiden Päpste, die die Kirchenversammlung geleitet haben, herausgestellt worden.

Die eigentlichen Träger des II. Vaticanums waren die Bischöfe; und auch hier sind im Verlaufe des Konzils alle Vorstellungen, die man vorher von der Rolle der Bischöfe haben konnte, grundlegend verändert worden. Stellen Sie sich doch bitte mal vor: Da sind aus allen Teilen der Erde über 2000 Männer versammelt, von denen jeder gewohnt ist, ziemlich selbstständig zu entscheiden und eine große Zahl von Menschen zu führen. Wie sollte eine solche Versammlung – viermal so groß wie unser Bundestag, ohne aber in Fraktionen aufgegliedert zu sein! – überhaupt arbeitsfähig sein? Die einzige Möglichkeit schien zu sein, dass die einzelnen Konzilsdokumente von theologischen Fachkommissionen ausgearbeitet und dann von der Vollversammlung ohne große Diskussionen verabschiedet würden. Wir wissen inzwischen, dass alles ganz anders ausgesehen hat: Die Vollversammlung selbst hat die Hauptrolle gespielt. Wie ist es dazu gekommen?

Bestimmte konservative Kreise des Konzils haben behauptet, die Bischöfe seien von einigen allzu fortschrittlichen Theologieprofessoren »überfahren« worden: Wenn die Bischöfe wirklich verstanden hätten, wohin die Theologen (die so genannten Berater) sie geführt haben, so hätten sie sich deren Theologie nicht zu Eigen gemacht. Zu diesem schwerwiegenden Vorwurf ist Folgendes zu sagen:

Richtig ist, dass sehr viele Bischöfe auf dem Konzil manche ihrer von Hause mitgebrachten Auffassungen geändert haben; fragwürdig aber ist, ob sie dazu von den neueren Theologen einfach »beschwatzt« worden sind; schließlich gab es ja auch viele konservative Theologen mit beträchtlichem Einfluss, die den Konzilsvätern ihre Auffassungen darlegten. Könnte es da nicht denkbar sein, dass die neue Theologie in wesentlichen Punkten eben einfach überzeugender war als die traditionelle? Deutlich ist jedenfalls zu sehen, dass wirklich die Bischöfe die Entscheidungen des Konzils getragen haben.

Wie aber konnten dann überhaupt Ergebnisse in dieser riesigen Versammlung zustande kommen? Jeder einzelne Konzilsvater wusste in großem Ernst, dass es hier nicht galt, eine vorgefasste Meinung auf jeden Fall durchzudrücken und seinen eigenen Standpunkt bestätigt zu sehen.

Es ging darum, in radikaler Offenheit den Weg abzustecken, der die Kirche freimacht für ihre eigentliche Aufgabe: den Dienst an unserer Welt durch die Verkündung des Evangeliums, der Guten Botschaft von der Hoffnung. Und für diese Aufgabe wurde von den Konzilsvätern die neue Theologie – die sie großenteils erst auf dem Konzil kennen lernten – als diejenige erkannt und angenommen, die unserer Zeit gerechter wird, weil sie uns eher zu sagen vermag, was das heißt: Christ sein.

Von der dritten Kraft, die das Konzil getragen hat, ist bereits manches sichtbar geworden: Es sind die Theologen (Professoren und andere theologische Fachleute). Die Theologie – die Wissenschaft, die die Botschaft der Bibel in ihren Zusammenhängen aufzeigen und den Menschen jederzeit neu erschließen will – ist eine wesentliche Kraft, von der die Kirche lebt. In dieser Kennzeichnung zeigt sich, dass eine neue Zeit nicht einfach mit einer Theologie weiterleben kann, die in einem anderen Zeitalter (beispielsweise im Mittelalter) entstanden ist.

Die Theologie bleibt selbstverständlich immer an den Glauben gebunden, aber innerhalb dieser Bindung braucht sie die Freiheit. Und genau diese Freiheit der Theologie ist eines der wesentlichsten Ereignisse des II. Vaticanums. Die alleinige Geltung der am Mittelalter orientierten Theologie (der Neuscholastik) wurde durchbrochen zugunsten einer Theologie, die noch wenige Jahre vorher in der Kirche beargwöhnt oder verschrien war.

Dieser Umbruch in der Theologie, der sich in Rom angebahnt hat, ist eine der wichtigsten Voraussetzungen für die kommende Erneuerung der Kirche.

V. Ausgabe vom 27. Februar 1966

Haben die beiden Päpste, die Bischöfe und die theologischen Fachleute allein das Konzil gemacht? Spielten die anderen beiden Teilnehmergruppen – die nichtkatholischen Beobachter und die Laien – überhaupt eine nennenswerte Rolle? Auf den ersten Blick offenbar nicht; bei näherem Zusehen entdeckt man aber doch bei beiden einen ganz beträchtlichen Einfluss auf das Konzilsgeschehen.

Die nichtkatholischen Beobachter durften bei den Vorträgen und Diskussionen in der Aula dabei sein und zuhören; Rede- oder gar Stimmrecht hatten sie nicht. Und doch fanden sich verschiedene Wege, wie sie ihre Bedenken und Vorschläge zur Geltung bringen konnten. So fand z. B. die Rede eines Konzilsvaters zum Problem der Überlieferung viel Beifall und Anerkennung unter den Bischöfen; später wurde dann bekannt: Diese Rede war von einem Beobachter der orthodoxen Kirche verfasst und von dem katholischen Bischof lediglich in der Aula verlesen worden! Normalerweise allerdings äußerten die Beobachter ihre Meinung im »kleinen Kreise« der theologischen Kommissionen, die dann ihre Einwände der Gesamtversammlung zur Kenntnis brachten.

Am Beispiel der Kirchengliedschaftsfrage lässt sich diese Zusammenarbeit deutlich zeigen: Erst durch die wiederholten Einwürfe der Beobachter wurde hier eine Lösung erreicht. Das Konzil spricht von »Kirchen« und »kirchlichen Gemeinschaften« auch außerhalb der römisch-katholischen Kirche. Damit ist auch von der katholischen Kirche aus ein neuer Ansatz für ökumenische Begegnungen mit den anderen christlichen Kirchen gegeben. Selbstverständlich wurde hierbei keine der grundlegenden katholischen Auffassungen geleugnet; aber man begann jetzt endlich, die berechtigten Anliegen der anderen christlichen Kirchen und kirchlichen Gemeinschaften zu sehen.

Welchen Einfluss hatten die Laien auf die Ergebnisse des Konzils? Auch hier lässt sich eine unmittelbare Beteiligung kaum erkennen. Waren es nicht ausschließlich Vertreter der kirchlichen Hierarchie, die das Konzil bestimmt haben? Blieb nicht wieder die Aufgabe der Gläubigen – des »Kirchenvolkes« – darauf beschränkt, das auszuführen, was von oben angeordnet wurde? Sicherlich hat das Konzil hier noch Wünsche nach einer gleichberechtigten Mitarbeit der Laien offen gelassen. Aber in einer mehr indirekten Weise haben doch auch die Laien den Fortgang des Konzils bestimmt – und zwar durch das eigentliche Instrument der Laien die Presse.

Zu Beginn des Konzils war man sehr darauf bedacht, von den Auseinandersetzungen unter den Bischöfen möglichst wenig an die Öffentlichkeit gelangen zu lassen. Die offiziellen Mitteilungen der Vatikan-Zeitung »Osservatore Romano« waren oft genug »Meisterstücke, gar nichts zu sagen«. Die Journalisten mussten sich ihre Informationen durch allerlei Hintertüren selbst besorgen; das gelang allerdings bald sehr gründlich: Dinge, die in Konzilskreisen hinter vorgehaltener Hand als »Staatsgeheimnisse« weitergeflüstert wurden, waren ein paar Stunden später in allen Zeitungen zu lesen, und schließlich gab es tatsächlich keine Geheimnisse mehr. Das Konzil wurde dadurch gezwungen, vor der Weltöffentlichkeit zu reden; die Gefahr eines gewissen »Provinzialismus« – die Beschränkung auf die innerkirchlichen Probleme – wurde so überwunden. Die eigentliche Weise der Laienbeteiligung ist hier deutlich zu sehen: Sie sollten von der Welt her auf die Kirche hin sprechen; sie brauchten sich also gar nicht direkt in die innertheologischen Diskussionen einzuschalten.

Fragen wir nun noch nach den Schwerpunkten der konziliaren Arbeit. Welches waren die großen Themen des Konzils?

Vor Beginn der Kirchenversammlung war ein 2000 Seiten starker »Universalkatechismus« vorbereitet worden; die Hauptlinien des katholischen Glaubens waren hier noch einmal zusammengestellt worden und sollten dem Konzil zur Bestätigung vorgelegt werden. Dieser Plan scheiterte aber schon in den ersten Sitzungen. Stattdessen musste man sich viel grundlegender fragen: Was will das Konzil denn eigentlich? War es entstanden aus dem Willen der Kirche, sich zu behaupten in einer neuen Zeit? Oder wollte sich eine bestimmte theologische Schulrichtung durchsetzen? Oder war die eigentliche Triebkraft des Konzils das Wort Gottes selbst, das zu einer neuen Aussage drängte?

Schon in seiner Eröffnungsrede forderte Johannes XXIII.: Nicht der Papst, sondern das Evangelium gehört auf den Thron des Konzils; das Wort Gottes und in ihm der Herr selbst soll Präsident des Konzils sein. Sind diese Forderungen nur fromme Wünsche geblieben – oder ging es dem Konzil tatsächlich in erster Linie um das Wort Gottes? In den konziliaren Diskussionen wurde nach und nach wirklich die Heilige Schrift die Hauptaussagequelle: Man berief sich nicht mehr auf Thomas von Aquin, um eine Aussage zu begründen, sondern auf die Bibel selbst. Hier zeigt sich, wie das Konzil bemüht war, vom Ursprung des Christlichen her zu denken.

VI. Ausgabe vom 6. März 1966

Zwei Haupttendenzen bestimmten die Aussagen des Konzils; sein Sprechen hatte sozusagen zwei »Fluchtpunkte«: Es wollte ausdrücklich vom christlichen Ursprung herkommen, musste also viele spätere Übermalungen abtragen, um zu den einfachen und klaren Linien des Ursprungs zurückzufinden. Andererseits aber ging es darum, deutlich und verständlich zu den Menschen unserer Zeit zu sprechen; es konnte dem Konzil nicht gleichgültig sein, ob es von allen verstanden wurde oder ob es nur zu denen sprach, die sich im Dschungel theologischen Fachdenkens auskennen.

Man wird sagen müssen: Dieser Aufgabe ist das Konzil nur in äußerst bescheidenem Maße gerecht geworden. Ein Nichtfachmann wird das entscheidend Neue in den Konzilsdokumenten nicht erkennen können; daran gibt es kaum etwas zu beschönigen. Freilich muss man bei einer gerechten Beurteilung die ungeheure Schwierigkeit bedenken, vor der das Konzil stand. Es musste die Botschaft der Bibel in unsere Sprache übersetzen, um sie dieser Zeit verkündigen zu können. Dafür genügt es nicht, das Griechisch des Neuen Testamentes ins Deutsche zu übersetzen; von einem direkten Zugang zur Bibel trennen uns fast 2000 Jahre – diesen weiten Zeitraum galt es zu überbrücken, und was hat sich nicht alles geändert in diesen 2000 Jahren! Um nur ein beliebiges Beispiel herauszugreifen: Die Menschen, aus denen Jesus »Dämonen« austrieb, schicken wir heute zum Nervenarzt – und der kann sie in vielen Fällen heilen. Was also bedeuten die Berichte von den Wunderheilungen Jesu heute für uns? Das ist nur eine aus einer Unzahl von Fragen, vor denen eine zeitgemäße Verkündigung steht.

Das Konzilsdokument »Von der Kirche in der Welt von heute« – das so genannte Schema XIII – spiegelt diese ganze Problematik deutlich wider. Das Konzil wollte hier zu wichtigen Fragen des christlichen Lebens in unserer Zeit Stellung nehmen, an dieses Schema XIII hatten sich viele Hoffnungen und Erwartungen geknüpft. Das Ergebnis aber – geben wir es ruhig zu – ist enttäuschend. Es sind wichtige Schritte nach vorn getan worden, aber sehr vieles ist nicht bewältigt worden und konnte vielleicht auch gar nicht bewältigt werden. Glücklicherweise hat das Konzil die Fragen, denen es sich nicht gewachsen sah, zunächst offen gelassen. Es hat damit den Raum geöffnet, in dem eine unvoreingenommene und unbelastete Klärung möglich ist. Diese neue Offenheit, zu der man sich in Rom durchgerungen hat, ist an den Konzilstexten über Ehe und Familie sowie über Krieg und Frieden zu erkennen.

Gerade im Bereich von Ehe und Familie musste sich das Konzil durch ein verfilztes Dickicht späterer außerchristlicher Einflüsse hindurcharbeiten, um zur ursprünglichen

Aussage der Schrift zu gelangen. Das Neue Testament enthält keine ausgeführte Ethik. Schon in der frühen Kirche aber wollte man den Christen sagen, wie sie sich im Einzelfall zu verhalten hätten, um christlich zu leben. In der Fragen der Ehe griff man damals auf ethische Anschauungen der Stoa – einer heidnischen Philosophie – zurück. Aus dieser Philosophie gelangten vor allem zwei wichtige Inhalte in die christliche Ehelehre: Sittlich gut ist das, was »natürlich« ist und was dem »Zweck« der Ehe entspricht; als Ersatzzweck wurde die Erhaltung der Gattung, also die Zeugung von Kindern, gesehen. Diese beiden Forderungen sind also als Mitgift der heidnischen Antike in die katholische Ehemoral gelangt. Der Text des Schemas XIII hat beide Begriffe (»Natur« und »Ersatzzweck«) prinzipiell ausgeschieden: Er sieht die Ehe als personale Gemeinschaft. Die Ehepartner sind auf ihr eigenes Gewissen verwiesen in Verantwortung vor einander, vor den Kindern und vor dem Worte Gottes.

Ähnlich wie in der Ehefrage, wo keine äußeren Grenzen von erlaubt und verboten festgelegt werden konnten, entschied sich das Konzil auch im Fragenkreis »Krieg und Frieden« dafür, auf Einzelanweisungen zu verzichten. Man war sich darüber klar, »eigentlich« ist jeder Krieg zu verwerfen, angesichts der modernen Waffen kann es keinen gerechten Krieg geben; man sah aber andererseits, dass ein bedingungsloser Pazifismus der allgemeinen Ungerechtigkeit freien Lauf ließe. In dieser ausweglosen Situation konnte sich das Konzil nicht zu einer eindeutigen Entscheidung durchdringen. Der Text verurteilt den Atomkrieg und stellt als Endziel aller Politik die Abrüstung und einen weltumfassenden Frieden hin. Die bedrängende Frage aber: »Wie kann das erreicht werden?« konnte auch das Konzil nicht beantworten.

Anmerkungen

Die Abkürzung JRGS steht für: Joseph Ratzinger, Gesammelte Schriften, hrsg. von Gerhard Ludwig Müller, Freiburg-Basel-Wien 2008 ff. Bis Ende 2012 sollen sieben der geplanten 16 Bände erschienen sein.

1 Joseph Ratzinger, Aus meinem Leben. Erinnerungen 1927-1977, München [2]1998, 132.

2 Zu Hermann Volks Zeit als Dogmatik-Professor in Münster vgl. Hermann Kardinal Volk. 20 Jahre Bischof von Mainz. Hrsg. von dem Bischöflichen Domkapitel und von dem Bischöflichen Ordinariat in Mainz, Mainz 1982, 13-19; Peter Walter, Der Aufbau der Dogmatik nach Hermann Volk. Beobachtungen anhand der Gliederungen seiner Münsteraner Vorlesungen, in: Peter Neuner/Peter Lüning, Hrsg., Theologie im Dialog (FS Harald Wagner), Münster 2004, 271-291.

3 Ratzinger, Aus meinem Leben (Anm.1), 132.

4 Brief L. Böggering an J. Ratzinger vom 19.7.1962, Bistumsarchiv Münster.

5 Brief J. Ratzinger an L. Böggering vom 26.7.1962, Bistumsarchiv Münster.

6 Vgl. Gianni Valente, Student, Professor, Papst. Joseph Ratzinger an der Universität. Übersetzung: Elisabeth Steinweg-Flecker, Augsburg 2009, 79-83.

7 Ratzinger, Aus meinem Leben (Anm.1), 89. Zum »Drama der Habilitation« vgl. ebd. 77-89.

8 Brief P. J. Keßler an J. Ratzinger vom 26.11.1962, Universitätsarchiv Münster, Bestand 22, Nr. 192.

9 Anlage zur Bitte um Erteilung des Nihil obstat, Bistumsarchiv Münster.

10 Ratzinger, Aus meinem Leben (Anm.1), 132-133.

11 Ratzinger, Aus meinem Leben (Anm.1), 132.

12 Ratzinger, Aus meinem Leben (Anm.1), 133.

13 Zur folgenden Darstellung vgl. die Beiträge in: Geschichte der Stadt Münster. Unter Mitwirkung von Thomas Küster hrsg. von Franz-Josef Jakobi. Bd.3, Münster 1993, 1-340.

14 Vgl. die Angaben bei Jörg W. Rademacher/Christian Steinhagen, Gelehrtes Münster und rundum. 88 Schriftsteller, Philosophen und Theologen. Wohnorte, Wirken, Werke, Berlin 2005, 55-56.

15 Vgl. Manuel Jennen, Annette-Allee: In diesem Haus lebte einst der heutige Papst, MZ 17.4. 2010.

16 Zur Zeit Joseph Ratzingers in Münster aus der Sicht seines Bruders vgl. Georg Ratzinger, Mein Bruder, der Papst. Aufgezeichnet von Michael Hesemann, München 2011, 210-212. Alle übrigen Informationen verdanke ich einem persönlichen Gespräch mit Domkapellmeister i.R. Georg Ratzinger am 28.03.2012 in Regensburg.

17 Peter Seewald, Benedikt XVI. Ein Porträt aus der Nähe, Berlin 2005, 248.

18 Seewald, Benedikt XVI. (Anm.17), 249.

19 Seewald, Benedikt XVI. (Anm.17), 249.

20 Valente, Student, Professor, Papst (Anm.6), 108.

21 Ratzinger, Aus meinem Leben (Anm.1), 134.

22 Vgl. Alois Baumgartner, Zwischen Hochschule und katholischer Laienarbeit. Ein in jeder Hinsicht unabgeschlossener Lebensbericht, in: Konrad Hilpert, Hrsg., Theologische Ethik autobiografisch, Bd. 2, Paderborn u.a. 2009, 197-225, hier 201. Die übrigen Informationen entnehme ich einem Telefongespräch mit Professor Baumgartner am 07.06.2012.

23 Mitteilung von Pfr. E. Bögershausen in einem Gespräch am 15.05.2012 in Nordenham.

24 Von den Vorträgen 1967 in Bentlage ist eine wortgetreue Mitschrift erhalten, von den Einkehrtagen 1970 in Münster nur das Notizheft eines Teilnehmers, Pfr. E. Bögershausen. Inhaltlich nahe kommen diesen Notizen aber die Ausführungen in: Joseph Ratzinger, Beten in unserer Zeit, in: ders., Dogma und Verkündigung, München-Freiburg/Br. 1973, 119-132.

25 Ratzinger, Aus meinem Leben (Anm.1), 134-135.

26 Vgl. im Folgenden Eduard Hegel, Geschichte der Katholisch-Theologischen Fakultät Münster 1773-1964, 1.Teil Münster 1966, 2.Teil Münster 1971. Eine Kurzfassung davon bietet Eduard Hegel, Die katholische Theologie in Münster, in: Die Universität Münster 1780-1980. Im Auftrag des Rektors hrsg. von Heinz Dollinger, Münster 1980, 253-267.

27 Vgl. Hegel, Geschichte 2.Teil (Anm.26), 577-591.

28 Hans Küng, Erkämpfte Freiheit. Erinnerungen. Ungekürzte Taschenbuchausgabe München-Zürich 2004, 242-278, hier 266.

29 Hegel, Die katholische Theologie in Münster (Anm.26), 266.

30 Angaben nach Jahresbericht der Studentengemeinde, Bistumsarchiv Münster.

31 Hegel, Geschichte 2. Teil (Anm.26), 571, 585.

32 Westfälische Nachrichten vom 3.5.1966, Nr. 102, 11.

33 Vgl. Joseph Ratzinger, Offenbarung und Überlieferung. Versuch einer Analyse des Traditionsbegriffs, in: Karl Rahner/ders., Offenbarung und Überlieferung (QD 25), Freiburg-Basel-Wien 1965, 25-49.

34 Westfälische Nachrichten vom 29./30.6.1963, Nr. 147, 11.

35 Vgl. den Überblick von Vinzenz Pfnür, Die Bedeutung der Confessio Augustana (CA) für den ökumenischen und speziell für den lutherisch-katholischen Dialog in der Sicht von Joseph Ratzinger, in: Christian Schaller, Hrsg., Kirche – Sakrament und Gemeinschaft. Zur Ekklesiologie und Ökumene bei Joseph Ratzinger (Ratzinger-Studien Bd.4), Regensburg 2011, 317-332.

36 Seewald, Benedikt XVI. (Anm.17), 212-213.

37 Zur Geschichte des Schülerkreises vgl. Stephan Otto Horn, Kardinal Ratzinger in seinem Schülerkreis (dt. Fassung von: ders., Il Cardinale Ratzinger e i suoi studenti, in: Josef Clemens / Antonio Tarzia, Hrsg., Alla scuola della Verità. I settanta anni di Joseph Ratzinger, Mailand 1997, 9-26); D. Vincent Twomey SVD, Benedikt XVI. Das Gewissen unserer Zeit. Ein theologisches Portrait. Aus dem Englischen übersetzt von Peter Paul Bornhausen,

Augsburg 2006, 15-28.

38 Joseph Ratzinger, Salz der Erde. Christentum und katholische Kirche an der Jahrtausendwende. Ein Gespräch mit Peter Seewald, Stuttgart [4]1996, 69.

39 Stephan Otto Horn, Was mich mit dem Papst verbindet. Artikel im Wegbereiter Heft 4/2005, im Internet abrufbar unter: www.kath.de/magazin/wegbereiter/Seiten.und.Rahmen/4-05/22.html

40 Ratzinger, Salz der Erde (Anm.38), 70.

41 Vgl. die Akten zu Werner Böckenförde im Universitätsarchiv Münster sowie einzelne Hinweise im Bistumsarchiv Münster. Ratzingers Gutachten zu Böckenfördes Dissertation (Das Rechtsverständnis der neueren Kanonistik und die Kritik Rudolph Solms. Eine anti-kanonistische Studie zum Verhältnis von Kirche und Kirchenrecht, Münster 1969) ist datiert »Tübingen 21 .Juni 1968« und im Universitätsarchiv Münster, Bestand 25, Nr. 442, überliefert.

42 Vgl. Valente, Student, Professor, Papst (Anm.6), 67, 108.

43 Leo Langemeyer, Gesetz und Evangelium. Das Grundanliegen der Theologie Werner Elerts (Kontroverstheologische und konfessionskundliche Studien Bd.24), Paderborn 1970. Ein Korrekturexemplar der Arbeit mit handschriftlichen Anmerkungen von Prof. Ratzinger befindet sich am Lehrstuhl für Dogmatik und Dogmengeschichte der Kath.-Theol. Fakultät Münster (freundlicher Hinweis von Dr. Jan Loffeld).

44 Das Werk. Bibliographisches Hilfsmittel zur Erschließung des literarisch-theologischen Werkes von Joseph Ratzinger bis zur Papstwahl. Hrsg. vom Schülerkreis. Redaktion: Vinzenz Pfnür, Augsburg 2009.

45 Vgl. Vinzenz Pfnür, Einig in der Rechtfertigungslehre? Die Rechtfertigungslehre der Confessio Augustana (1530) und die Stellungnahme der katholischen Kontroverstheologie zwischen 1530 und 1535, Wiesbaden 1970; ders., Die Bedeutung der Confessio Augustana (Anm. 35).

46 Werner Bröker, Der Sinn von Evolution. Ein naturwissenschaftlich-theologischer Diskussionsbeitrag, Düsseldorf 1967.

47 Werner Hülsbusch, Elemente einer Kreuzestheologie in den Spätschriften Bonaventuras, Düsseldorf 1968.

48 Joseph Cardinal Ratzinger, Gemeinde aus der Eucharistie, in: 800 Jahre St. Martini Münster. Hrsg. von Dr. Werner Hülsbusch, Münster 1980, 32-34.

49 Hansjürgen Verweyen, Joseph Ratzinger – Papst Benedikt XVI. Die Entwicklung seines Denkens, Darmstadt 2007; ders., Ein unbekannter Ratzinger. Die Habilitationsschrift von 1955 als Schlüssel zu seiner Theologie, Regensburg 2010. Alle weiteren Informationen haben mir Professor Verweyen und seine Ehefrau Ingrid bei einem Besuch in Merzhausen am 23.04.2012 anvertraut.

50 Verweyen, Joseph Ratzinger (Anm.49), 28.

51 Hansjürgen Verweyen, Ontologische Voraussetzungen des Glaubensaktes. Zur transzendentalen Frage nach der Möglichkeit von Offenbarung, Düsseldorf 1969, 10.

52 Verweyen, Ein unbekannter Ratzinger (Anm.49), 8.

53 Maximino Arias Reyero, Thomas von Aquin als Exeget: die Prinzipien seiner Schriftdeutung und seine Lehre von den Schriftsinnen (Sammlung Horizonte 3), Einsiedeln 1971.

54 Vgl. Verweyen, Joseph Ratzinger (Anm.49), 118-119.

55 Peter Lengsfeld, Adam und Christus. Die Adam-Christus-Typologie im Neuen Testament und ihre dogmatische Verwendung bei M. J. Scheeben und K. Barth, Essen 1965, 7.

56 Vgl. die Akten zu Norbert Schiffers im Universitätsarchiv Münster.

57 Mitteilung von Dr. Josef Zöhrer in einem Gespräch am 20.04.2012 in Trier.

58 Ratzinger, Aus meinem Leben (Anm.1), 138.

59 Metz und Ratzinger haben in ihrer Münsteraner Zeit an folgenden Werken mitgearbeitet: Gott in Welt. Festgabe für Karl Rahner. Schriftleitung Herbert Vorgrimler, 2 Bände, Freiburg-Basel-Wien 1964; Johann Baptist Metz, Hrsg., Weltverständnis im Glauben, Mainz 1965; Theodor Filthaut, Hrsg., Umkehr und Erneuerung. Kirche nach dem Konzil, Mainz 1966.

60 Die Zitate stammen aus Johann Baptist Metz, Gott vor uns. Statt eines theologischen Arguments, in: Ernst Bloch zu ehren. Beiträge zu seinem Werk, hrsg. von Siegfried Unseld, Frankfurt a. Main 1965, 227-241.

61 Joseph Ratzinger, Weltoffene Kirche? Überlegungen zur Struktur des Zweiten Vatikanischen Konzils, in: Filthaut, Hrsg., Umkehr und Erneuerung (Anm.59), 273-291, bes. 287-288, hier 288.

62 Ratzinger, Aus meinem Leben (Anm.1), 138.

63 Vgl. Karl-Heinz Neufeld, Die Brüder Rahner. Eine Biographie, Freiburg-Basel-Wien ^{2}2004, 339-340.

64 Vgl. den Tagungsband: Ende der Zeit? Die Provokation der Rede von Gott. Dokumentation einer Tagung mit Joseph Kardinal Ratzinger, Johann Baptist Metz, Jürgen Moltmann und Eveline Goodman-Thau in Ahaus. Hrsg. von Tiemo Rainer Peters und Claus Urban, Mainz 1999. Den Brief des Seminars für Fundamentaltheologie der Katholisch-Theologischen Fakultät Münster an Kardinal Ratzinger vom 02.09.1997 und das Antwortschreiben von Kardinal Ratzinger vom 26.09.1997, dem das wörtliche Zitat entstammt, hat mir Prof. Dr. Dr. Johann Baptist Metz dankenswerter Weise zur Verfügung gestellt.

65 Karl Rahner, Bemerkungen zum Begriff der Offenbarung, in: ders./Joseph Ratzinger, Offenbarung und Überlieferung (Anm. 33), 11-24.

66 Zur Zusammenarbeit zwischen Rahner und Ratzinger in Rom vgl. Neufeld, Die Brüder Rahner (Anm. 63), 241-256; Karl Rahner, Bekenntnisse. Rückblick auf 80 Jahre. Hrsg. von Georg Sporschill SJ, Wien-München 1984, 41-42; Ratzinger, Aus meinem Leben (Anm. 1), 130-131.

67 Zur Zeit Rahners in Münster vgl. Neufeld, Die Brüder Rahner (Anm.63), 279-303; Rademacher/Steinhagen, Gelehrtes Münster und rundum (Anm.14), 54-55.

68 Vgl. die Abschrift des Antrages im Universitätsarchiv Münster, Bestand 22, Nr. 196.

69 Hans Urs von Balthasar, Glaube und Naherwartung, in: ders., Zuerst Gottes Reich. Zwei Skizzen zur biblischen Naherwartung (Neue Kriterien 4), Einsiedeln-Freiburg 2002. In der Einladung der Universität zur Promotionsfeier lautet der Titel des Vortrags allerdings »Glaube und Kreuz«.

70 Zu Ratzingers Verhältnis zu Rahner vgl. ders., Aus meinem Leben (Anm.1), 130-131; zu Balthasar vgl. ders., Aus meinem Leben (Anm.1), 156-157. Der umfangreiche Briefwechsel zwischen Balthasar und Ratzinger befindet sich im Balthasar-Archiv in Basel.

71 Vgl. den Buchtitel von Manfred Plate, Weltereignis Konzil, Freiburg-Basel-Wien 1966.

72 Zu Joseph Ratzinger als Konzilstheologe vgl. als Überblick Norbert Trippen, Joseph Ratzinger als Mitgestalter des II. Vatikanischen Konzils, IKaZ Communio 35 (2006), 541-544. Speziell zur Offenbarungskonstitution vgl. zahlreiche Beiträge in: Marianne Schlosser/Franz-Xaver Heibl, Hrsg., Gegenwart der Offenbarung. Zu den Bonaventura-Forschungen Joseph Ratzingers (Ratzinger-Studien Bd.2), Regensburg 2011; Michaela C. Hastetter/Ioan Moga/Christoph Ohly, Hrsg., Symphonie des Wortes. Beiträge zur Offenbarungskonstitution »Dei Verbum« im katholisch-orthodoxen Dialog. Festgabe des Neuen Schülerkreises zum 85. Geburtstag von Joseph Ratzinger/Papst Benedikt XVI., St.Ottilien 2012. Speziell zur Kirchenkonstitution vgl. Maximilian Heim, Joseph Ratzinger – Kirchliche Existenz und existentielle Theologie. Ekklesiologische Grundlinien unter dem Anspruch von »Lumen Gentium«. Mit einem Geleitwort von Joseph Kardinal Ratzinger, Frankfurt a.Main u.a. [2]2005; Thomas Weiler, Volk Gottes – Leib Christi. Die Ekklesiologie von Joseph Ratzinger und ihr Einfluß auf das Zweite Vatikanische Konzil. Mit einem Geleitwort von Kardinal Joseph Ratzinger, Mainz 1997. Speziell zum Einfluss Ratzingers auf Kardinal Frings vgl. Gabriel Weiten, Joseph Ratzinger als Impulsgeber für das Zweite Vatikanische Konzil. Sein Einfluss als Berater von Josef Kardinal Frings, Diplomarbeit Univ. Trier 2010.

73 Vgl. Ratzinger, Geleitwort, in: Weiler, Volk Gottes (Anm.72), XIII; ders., Salz der Erde (Anm.38), 75-76.

74 Karl Wagner/Albert Hermann Ruf, Kardinal Ratzinger. Der Erzbischof von München und Freising in Wort und Bild. Mit einem Beitrag »Aus meinem Leben«, München 1977, 66.

75 Josef Kardinal Frings, Für die Menschen bestellt. Erinnerungen des Alterzbischofs von Köln, Köln 1973, 248-249. Weitere Informationen über die Zusammenarbeit von Kardinal Frings und Ratzinger verdanke ich einem Gespräch mit Altbischof Dr. Hubert Luthe am 07.02.2012 in Essen.

76 Frings, Für die Menschen bestellt (Anm.75), 248. Der Vortrag von Frings/Ratzinger, Das Konzil und die moderne Gedankenwelt ist jetzt wieder zugänglich in: Guido Treffler, Der Konzilstheologe Joseph Ratzinger im Spiegel der Konzilsakten des Münchener Erzbischofs Julius Kardinal Döpfner, in: Peter Pfister, Hrsg., Joseph Ratzinger und das Erzbistum München und Freising.

Dokumente und Bilder aus kirchlichen Archiven, Beiträge und Erinnerungen, Regensburg 2006, 151-183, hier 159-172.

77 Frings, Für die Menschen bestellt (Anm.75), 249.

78 Wagner/Ruf, Kardinal Ratzinger (Anm.74), 66.

79 Norbert Trippen, Josef Kardinal Frings (1887-1978), Bd. II. Sein Wirken für die Weltkirche und seine letzten Bischofsjahre, Paderborn u.a. 2006, 241.

80 Trippen, Frings II (Anm.79), 308-309.

81 Trippen, Frings II (Anm.79), 283.

82 Trippen, Frings II (Anm.79), 244.

83 Dass die erste Reise zum Konzil und damit auch der vom Konzil angestoßene Wandel in der Kirche unter dem Vorzeichen des Gebets d.h. der Besinnung auf den Anspruch Gottes stand, hat Ratzinger im Rückblick als mahnendes Zeichen für das rechte Verständnis des Konzils gedeutet, so in: ders., Stimme des Vertrauens. Kardinal Josef Frings auf dem Zweiten Vatikanum, in: Ortskirche im Dienst der Weltkirche. Das Erzbistum Köln seit seiner Wiedererrichtung im Jahre 1825. Festgabe für die Kölner Kardinäle Erzbischof Joseph Höffner und Alt-Erzbischof Josef Frings. Hrsg. von Norbert Trippen und Wilhelm Mogge, Köln 1976, 183-190, hier 183; ders., Buchstabe und Geist des Zweiten Vatikanums in den Konzilsreden von Kardinal Frings, IKaZ Communio 16 (1987), 251-265, hier 264-265. Der erstgenannte Text ist jetzt auch zugänglich in der Dokumentation von Hans Nitsche und Martin Lohmann, Hrsg., Die Kölner Erzbischöfe und das Jahr 1962. Mit Beiträgen von Joseph Ratzinger (Papst Benedikt XVI.), Rainer Maria Kardinal Woelki u.v.a. Herausgegeben aus Anlass des Goldenen Priesterjubiläums von Joachim Kardinal Meisner, Köln 2012, 87-103.

84 Joseph Ratzinger, Il mio Concilio: ricordi dell'attuale Pontefice (Reset e Repubblica), Auszug aus einem Beitrag des Magazins »Reset«, Mai/Juni 2005 in ital. Sprache, zitiert nach:www.papabenedettoxvitesti.blogspot.com/2011/03/ratzinger-il-mio-concilio-ricordi.html, 1. Für die Übersetzung danke ich Dipl.-Kulturwirtin Lydia Schropp, Eichendorf.

85 Ratzinger, Stimme des Vertrauens (Anm.83), 183.

86 Ratzinger, Stimme des Vertrauens (Anm.83), 184.

87 Brief von Joseph Kardinal Ratzinger an Bischof Hubert Luthe zu dessen 70. Geburtstag, 22.5.1997, Privatbesitz Altbischof Dr. Hubert Luthe.

88 Der Text des Vortrags ist erstmals in deutscher Sprache veröffentlicht in: Mitteilungen des Instituts Papst Benedikt XVI., 2/2009, Regensburg 2009, 36-48.

89 Trippen, Frings II (Anm.79), 314.

90 Ratzinger, Il mio Concilio (Anm.84), 1.

91 Diese und viele andere Informationen entnehme ich der neuesten, konzilskritischen, aber historisch sehr sorgfältig gearbeiteten Konzilsgeschichte von Roberto de Mattei, Das Zweite Vatikanische Konzil. Eine bislang ungeschriebene Geschichte, Verlag Kirchliche Umschau o.O. 2011, hier 223.

92 Vgl. Text der Eröffnungsansprache von Papst Johannes XXIII. in de Mattei, Konzil (Anm.91), 224-227.

162

93 Zu Ratzingers Bewertung des sel. Papstes Johannes XXIII. vgl. ders., Rezension zu: Franz Michel Willam, Vom jungen Angelo Roncalli (1903-1907) zum Papst Johannes XXIII. (1958-1963), Innsbruck 1967, ThQ 148 (1968), 236-241; ders., Glaube als Umkehr – Metanoia, in: ders., Theologische Prinzipienlehre. Bausteine zur Fundamentaltheologie, Donauwörth [2]2005, 57-69, hier 68-69, sowie die ausführliche Würdigung seiner Persönlichkeit und seiner Eröffnungsansprache in der unveröffentlichten Vorlesung Rückblick auf das Konzil (WS 1965/66), S. 23-37.

94 Ratzinger, Salz der Erde (Anm.38), 76.

95 Vgl. de Mattei, Konzil (Anm.91), 229-237.

96 Vgl. de Mattei, Konzil (Anm.91), 287-299.

97 Vgl. de Mattei, Konzil (Anm.91), 388-393.

98 Ratzinger, Salz der Erde (Anm.38), 78-79.

99 Joseph Ratzinger, Die erste Sitzungsperiode des Zweiten Vatikanischen Konzils. Ein Rückblick, Köln 1963, 50.

100 Ratzinger, Aus meinem Leben (Anm.1), 133.

101 Vgl. Ratzinger, Die erste Sitzungsperiode (Anm.99); Das Konzil auf dem Weg. Rückblick auf die zweite Sitzungsperiode des Zweiten Vatikanischen Konzils, Köln 1964; Ergebnisse und Probleme der dritten Konzilsperiode, Köln 1965; Die letzte Sitzungsperiode des Konzils, Köln 1966.

102 Vgl. Joseph Ratzinger, Theologische Fragen auf dem II. Vatikanischen Konzil. Vortrag bei der Dekanekonferenz in Freckenhorst am 6.6.1963. Protokoll der Dekanekonferenz, Bistumsarchiv Münster. Veröffentlicht im Dokumentationsteil dieses Buches.

103 Ratzinger, Il mio Concilio (Anm.84), 2.

104 Vgl. Weiler, Volk Gottes – Leib Christi (Anm.72), 219-225.

105 Ratzinger, Das Konzil auf dem Weg (Anm.101), 31.

106 Ratzinger, Das Konzil auf dem Weg (Anm.101), 64-65.

107 Vgl. Joseph Ratzinger, Die Kirche und die Kirchen, Korreferat zu Lukas Fischer in Zürich am 21./22.1.1964, weitgehend eingearbeitet in: ders., Das Konzil auf dem Weg (Anm.101), 48-71; Ökumenische Probleme der Lehre von der Kollegialität der Bischöfe, Vortrag am 4.12.1964 in Bonn auf Ein adung des Ökumenischen Instituts der Evangelisch-Theologischen Fakultät Bonn, aufgenommen in: ders., Ergebnisse und Probleme der dritten Konzilsperiode (Anm.101), 51-84,87-90; Die bischöfliche Kollegialität. Theologische Entfaltung, Referat vor der Evangelisch-Theologischen Fakultät der Univ. Heidelberg, aufgenommen in: ders., Das neue Volk Gottes. Entwürfe zur Ekklesiologie, Düsseldorf 1969, 171-200 (Angaben nach: Das Werk, Anm.44). Zu Ratzingers Mitarbeit am Möhler-Institut vgl. Barbara Schwahn, Der Ökumenische Arbeitskreis Evangelischer und Katholischer Theologen von 1946 bis 1975 (Forschungen zur systematischen und ökumenischen Theologie Bd. 74), Göttingen 1996, bes. 17-62 (Nennung von Ratzinger ebd., 41).

108 Email von Marianne Eder vom 04.06.2012.

109 Das Konzil. Chronik der ersten Sessio. Ein Bild- und Textbericht von Mario von Galli und Bernhard Moosbrugger, Olten [2]1963, 116.

110 Vgl. Ratzinger, Das Konzil auf dem Weg (Anm.101), 10; ders., Aus meinem Leben (Anm.1), 134-135.

111 Ratzinger, Das Konzil auf dem Weg (Anm.101), 59.

112 Trippen, Frings II (Anm.79), 424.

113 Trippen, Frings II (Anm.79), 437.

114 Weiler, Volk Gottes - Leib Christi (Anm.72), 225-234, hier 233.

115 Ansprache von Papst Benedikt XVI. am 9.7.2012 beim Besuch im Zentrum »Ad Gentes« der Steyler Missionare in Nemi, L'Osservatore Romano (deutsch), 20.7.2012, Nr. 29, 9; Yves Congar, Mon Journal du Concile II (1964-1966). Présenté et annoté par Éric Mahieu, Paris 2002, 355-356 (Übersetzung des Verfassers).

116 Vgl. de Mattei (Anm.91), 488-497.

117 Ratzinger, Ergebnisse und Probleme der dritten Konzilsperiode (Anm.101), 9.

118 Ratzinger, Ergebnisse und Probleme der dritten Konzilsperiode (Anm.101), 49.

119 Ratzinger, Ergebnisse und Probleme der dritten Konzilsperiode (Anm.101), 50.

120 Vgl. Joseph Ratzinger, Kommentar zu den »Bekanntmachungen, die der Generalsekretär des Konzils in der 123. Generalkongregation am 16.November 1964 mitgeteilt hat«, in: Lexikon für Theologie und Kirche, Das Zweite Vatikanische Konzil. Konstitutionen, Dekrete und Erklärungen. Lateinisch und Deutsch. Kommentare. Bd.1, Freiburg-Basel-Wien 1966, 348-359.

121 Vgl. Verweyen, Joseph Ratzinger (Anm.49), 39-42, bes. 41. Weitere Hinweise gab mir Professor Verweyen im persönlichen Gespräch.

122 Vgl. Küng, Erkämpfte Freiheit (Anm.28), 596-599, bes. 597: »Immer wieder wird darüber gerätselt, wie ein so begabter, freundlicher, offener Theologe wie Joseph Ratzinger eine solche Wandlung durchmachen konnte: vom fortschrittlichen … Theologen zum römischen Großinquisitor.« Aufschlussreich für die inneren Widersprüche dieser These ist Peter Seewalds telefonisches Gespräch mit Hans Küng am 8.1.1993. Vgl. Seewald, Benedikt XVI. (Anm.17), 132-139. Zu den »kritischen Biografen«, die sich Küngs These anschließen, zählen John L. Allen, Kardinal Ratzinger. Aus dem Amerikanischen übersetzt von Hubert Pfau, Düsseldorf 2002; Christian Feldmann, Papst Benedikt XVI.: eine kritische Biographie, Reinbek 2006, und Hermann Häring, Theologie und Ideologie bei Joseph Ratzinger, Düsseldorf 2001.

123 Ratzinger, Salz der Erde (Anm.38), 84.

124 Seewald, Benedikt XVI. (Anm.17), 25. Zu den theologischen Hintergründen dieses »mystischen Glaubensbewusstseins« vgl. Stephan Otto Horn, Zum existentiellen und sakramentalen Grund der Theologie bei Joseph Ratzinger / Papst Benedikt XVI., in: Mitteilungen des Instituts Papst Benedikt XVI., 2/2009, Regensburg 2009, 59-66.

125 Verweyen, Joseph Ratzinger (Anm.49), 58.

126 Frings, Für die Menschen bestellt (Anm.75), 293.

127 Trippen, Frings II (Anm.79), 473.

128 Ratzinger, Buchstabe und Geist (Anm.83), 262.

129 Vgl. Ratzinger, Die letzte Sitzungsperiode (Anm.101), 39-43, bes. 42: »Das Neue Testament stellt das Kreuz als den großen Sieg Jesu Christi hin, durch den ein Mensch wirklich die Welt besiegt hat, so daß er zum Herrn über die ganze Welt geworden ist (Phil 2,4-11). Der Sinn der christlichen Aussage kann von da aus nicht eine sakrale Verklärung des Technischen sein, sondern das Aufdecken eines Bereichs, der auch durch das Technische nicht aufgehoben wird. Am Ende bleibt wahr, daß die Welt nicht durch Apparate, sondern durch Liebe erlöst wird.«

130 Ratzinger, Aus meinem Leben (Anm.1), 138.

131 Frings, Für die Menschen bestellt (Anm.75), 302.

132 Ratzinger, Die letzte Sitzungsperiode (Anm.101), 71.

133 Ratzinger, Aus meinem Leben (Anm.1), 134.

134 Ratzinger, Die letzte Sitzungsperiode (Anm.101), 71.

135 Ratzinger, Die letzte Sitzungsperiode (Anm.101), 75.

136 Joseph Ratzinger, Was heißt Erneuerung der Kirche? In: ders., Das neue Volk Gottes (Anm.107), 267-281, hier 270.

137 Vgl. Ratzingers Vorlesung Rückblick auf das Konzil (WS 1965/66) und die dazu gehörige sechsteilige Artikelserie in: »Kirche+Leben«, Januar/Februar 1966, im Dokumentationsteil dieses Buches. Einen kurzen Überblick zu der Artikelserie bietet Maike Hartmann, Bistumspresse während des Zweiten Vatikanischen Konzils (Junges Forum Geschichte Bd.3), Münster 2009, 132-137.

138 Joseph Ratzinger, Weltoffene Kirche? Überlegungen zur Struktur des Zweiten Vatikanischen Konzils, hier zitiert nach: ders., Das neue Volk Gottes (Anm.107), 282-301.

139 Ratzinger, Weltoffene Kirche? (Anm.138), 300.

140 Joseph Ratzinger, Der Katholizismus nach dem Konzil, in: ders., Das neue Volk Gottes (Anm.107), 302-321.

141 Ratzinger, Aus meinem Leben (Anm.1), 136.

142 Ratzinger, Aus meinem Leben (Anm.1), 136.

143 Ratzinger, Was heißt Erneuerung der Kirche? In: ders., Das neue Volk Gottes (Anm.107), 267-281.

144 Ratzinger, Salz der Erde (Anm.38), 80.

145 Papst Benedikt XVI., Ansprache an das Kardinalskollegium, 22.12.2005. Eine theologische Analyse der beiden »Hermeneutiken« führt Ralph Weimann, Hermeneutik der Reform als Erneuerung in Kontinuität, in: Mitteilungen des Instituts Papst Benedikt XVI., 4/2011, Regensburg 2011, 59-82, durch.

146 Ratzinger, Was heißt Erneuerung der Kirche? (Anm.143), 268.

147 Verweyen, Joseph Ratzinger (Anm.49), 42.

148 Ratzinger, Was heißt Erneuerung der Kirche? (Anm.143), 281.

149 Ratzinger, Was heißt Erneuerung der Kirche? (Anm.143), 271.

150 Vgl. Seewald, Benedikt XVI. (Anm.17), 258.

151 Die Zitate stammen der Reihe nach von folgenden Zeitzeugen: H. Westhoff, verschiedene Mitglieder des Weihejahrgangs 1969, zu denen mir W. Schoelen Zugang verschafft hat, B. Fraling, M. Eder, U. Zurkuhlen,

E. Bögershausen, Sr. Alinda Benning, H. Witthake. Der Wunsch einzelner Zeitzeugen nach Anonymität wurde soweit möglich gewahrt.

152 Valente, Student, Professor, Papst (Anm.6), 87.

153 Vinzenz Pfnür, Joseph Ratzinger in Münster, Beitrag im Programmheft zum Film »Augustinus« (Papst-Fassung) am 25.11.2009 im St.Paulus-Dom, Münster, 4.

154 Vgl. Joseph Ratzinger, Einleitung in die Dogmatik 1.Teil (SS 1963); Grundbegriffe theologischen Erkennens (Einleitung in die Dogmatik 2. Teil, WS 1963/64).

155 Ratzinger, Einleitung I (Anm.154), 2-3.

156 Ratzinger, Einleitung I (Anm.154), 1.

157 Ratzinger, Einleitung I (Anm.154), 5.

158 Vgl. Ratzinger, Einleitung I (Anm.154), 33-35.

159 Ratzinger, Einleitung I (Anm.154), 35.

160 Seewald, Benedikt XVI. (Anm.17), 109.

161 Ratzinger, Einleitung I (Anm.154), 1.

162 Joseph Ratzinger, Schöpfungslehre (SS 1964), 76.

163 Joseph Ratzinger, Das christliche Gottesbild (WS 1963/64), 17.

164 Ratzinger, Das christliche Gottesbild (Anm.163), 18.

165 Seewald, Benedikt XVI. (Anm.17), 147.

166 Pfnür, Joseph Ratzinger in Münster (Anm.153), 3.

167 Joseph Ratzinger, Die Lehre von der Eucharistie (SS 1963), 12-13.

168 Ratzinger, Eucharistie (Anm.167), 2.

169 Ratzinger, Eucharistie (Anm.167), 2.

170 Ratzinger, Eucharistie (Anm.167), 75.

171 Jahresbericht der Studentengemeinde Münster, WS 1964/65 (Bistumsarchiv Münster).

172 Pfnür, Joseph Ratzinger in Münster (Anm.153), 4.

173 Mitteilung von H. Witthake in einem Gespräch am 31.05.2012 in Münster.

174 Joseph Ratzinger, Vom Sinn des Christseins. Drei Adventspredigten, München 1965; Neuauflage München 2006.

175 Ratzinger, Vom Sinn des Christseins (Anm.174), 15.

176 Ratzinger, Vom Sinn des Christseins (Anm.174), 46.

177 Ratzinger, Vom Sinn des Christseins (Anm.174), 55, 59, 68.

178 Ratzinger, Vom Sinn des Christseins (Anm.174), 56.

179 Ratzinger, Vom Sinn des Christseins (Anm.174), 61.

180 Ratzinger, Vom Sinn des Christseins (Anm.174), 61.

181 Ratzinger, Vom Sinn des Christseins (Anm.174), 62.

182 Ratzinger, Vom Sinn des Christseins (Anm.174), 51.

183 Vgl. Ratzinger, Aus meinem Leben (Anm.1), 95-96 (daraus die folgenden Zitate). Viele Informationen zur Biografie Paul Hackers verdanke ich den Gesprächen mit seiner Tochter, Dr. rer. nat. Ursula Hacker-Klom, Münster. Unter den publizierten Nachrufen ist besonders ausführlich Klaus Rüping, Paul Hacker (6.1.1913 – 18.3.1979), Wiener Zeitschrift für die Kunde Südasiens, Sonderdruck aus Band XXV, 1981, 16 S.. Während hier die biografischen Zusammenhänge im Vordergrund stehen, habe ich andernorts die inhaltliche Seite der Freundschaft ausführlicher behandelt. Vgl. Manuel Schlögl, »Sein Werk wird noch vieles zu sagen haben.« Biografische und theologische Anmerkungen zur Freundschaft von Paul Hacker und Joseph Ratzinger, in: Mitteilungen des Instituts Papst Benedikt XVI., 5/2012 (erscheint Anfang 2013).

184 Ratzinger, Aus meinem Leben (Anm.1), 95.

185 Valente, Student, Professor, Papst (Anm.6), 64.

186 Ratzinger, Aus meinem Leben (Anm.1), 95-96.

187 Ratzinger, Aus meinem Leben (Anm.1), 96.

188 Paul Hacker, Das Ich im Glauben bei Martin Luther, erste Auflage Graz 1966 (vgl. den Hinweis darauf in Ratzinger, Aus meinem Leben, Anm.1, 187). Neuauflage mit dem Untertitel: Der Ursprung der anthropozentrischen Religion. Mit einem Vorwort von Papst Benedikt XVI., Bonn 2009.

189 Ratzinger, Aus meinem Leben (Anm.1), 96.

190 Vgl. die Kontroverse rund um Kardinal Ratzingers Gespräch mit der Internationalen Zeitschrift Communio anlässlich des 500. Geburtstages von Martin Luther, dokumentiert in: Joseph Kardinal Ratzinger, Kirche, Ökumene und Politik. Neue Versuche zur Ekklesiologie, Einsiedeln 1987, 97-127.

191 Ratzinger, Aus meinem Leben (Anm.1), 96.

192 Brief von Paul Hacker an Werner Böckenförde, 12.12.1965, Bistumsarchiv Münster.

193 Brief von Joseph Kardinal Ratzinger an Irmgard Hacker, 1.4.1979, Privatbesitz Dr. Ursula Hacker-Klom.

194 Ratzinger, Aus meinem Leben (Anm.1), 48.

195 Vgl. Josef Pieper, Autobiographische Schriften (Josef Pieper Werke, hrsg. von Berthold Wald, Ergänzungsband 2), Hamburg 2003.

196 Schreiben von Papst Benedikt XVI. an Erzbischof Hans-Josef Becker anlässlich der Eröffnung der Josef-Pieper-Arbeitsstelle, 25.4. 2009, 1. Im Internet abrufbar unter www.josef-pieper-arbeitsstelle.de

197 Vgl. den entsprechenden Wortlaut der Widmungen in der Josef-Pieper-Bibliothek, Franz-Hitze-Haus, Münster. Die Widmung in: Joseph Kardinal Ratzinger, Zur Lage des Glaubens. Ein Gespräch mit Vittorio Messori. Übersetzung: Gisela Zöhrer, München-Zürich-Wien 1985, lautet: »Für Prof. Pieper in herzlicher Verbundenheit Joseph Card. Ratzinger Rom, am Fest der hlg. Teresa v. Avila 1985.« Die Widmung in: Joseph Kardinal Ratzinger, Schriftauslegung im Widerstreit, Freiburg-Basel-Wien 1989, lautet: »Für Prof. Pieper in dankbarer Verehrung Joseph Card. Ratzinger 18.2.1989.«

198 Ratzinger, Aus meinem Leben (Anm.1), 49.

199 Schreiben von Papst Benedikt XVI. an Erzbischof Becker (Anm.196), 2.

200 Pieper, Autobiographische Schriften (Anm.195), 251.

201 Pieper, Autobiographische Schriften (Anm.195), 252-253.

202 Brief von Joseph Kardinal Ratzinger an Prof. Dr. Berthold Wald, 25.11.1997. Professor Wald danke ich für die Einsicht in den Briefwechsel zwischen Josef Pieper und Joseph Ratzinger, der im Literaturarchiv in Marbach öffentlich zugänglich ist, und für viele biografische Hinweise zu seinem verehrten Lehrer.

203 Vgl. Herbert Zink, Hilde Schürk-Frisch. Geleitwort Josef Pieper, Recklinghausen 1980; Elisabeth-M. Baxhenrich-Hartmann, Formmeisterin der Psyche. Zum Tode der Bildhauerin Hilde Schürk-Frisch (Ennigerloh 23. Juni 1915 – Münster 25. März 2008), in: Münsterland. Jahrbuch des Kreises Warendorf 59/2010, 91-92.

204 Vgl. die Beschreibung von Zink, Hilde Schürk-Frisch (Anm.203), 21: »Schon früh, zuerst 1945 nach dem Tod ihres Mannes, beschäftigte sie sich mit der Gestalt des ‚Heiligen Josef', den sie in Abwandlungen in den nächsten Jahrzehnten immer wieder zum Thema wählte. Dabei löste sie sich von den Bindungen der traditionellen Ikonographie, indem sie auf sein Attribut, das Beil, verzichtete und ihm mit dem Gestus des Horchenden erhöhte Bedeutung als Glaubenden schlechthin aus persönlicher religiöser Erschütterung zuwies« (Abbildungen der Figur ebd. 11, 113). Nach der Erinnerung von P. Prof. Dr. Michael Schneider SJ (*1949), der damals als Student in Münster lebte, hat sich Joseph Ratzinger bei der Künstlerin mit einem persönlichen Brief und einem Buchgeschenk für die Josefs-Figur bedankt.

205 Joseph Kardinal Ratzinger, Auf Christus schauen. Einübung in Glaube, Hoffnung, Liebe, Freiburg-Basel-Wien 1989, Neuauflage 2006.

206 Brief von Josef Pieper an Professor Paul Drücke, 23.4.1996. Der Briefwechsel ist einsehbar in der Josef-Pieper-Bibliothek.

207 Brief von Joseph Kardinal Ratzinger an Josef Pieper zu dessen 90. Geburtstag, 3.5.1994.

208 Das Porträt von Joseph Ratzinger ist aufgenommen in: Kluge Köpfe. Adolf Clemens Porträts 1965-2005. Hrsg. von Volker Jakob, Münster 2007, 37. Ich danke Professor Clemens für das aufschlussreiche Gespräch, das ich mit ihm am 10.05.2012 in Münster-Roxel über seine Arbeit und seinen Besuch bei Joseph Ratzinger führen konnte.

209 Vgl. Das Werk (Anm.44).

210 Joseph Ratzinger, Die sakramentale Begründung christlicher Existenz (1965), jetzt in: JRGS 11, 197-214.

211 Vgl. die Akte Joseph Ratzinger im Archiv der Nordrhein-Westfälischen Akademie der Wissenschaften in Düsseldorf.

212 Vertrauliches Schreiben einiger Mitglieder der Akademie der Wissenschaften an Prof. Dr. Hans Peters, Secretarius der geisteswissenschaftlichen Sektion der Arbeitsgemeinschaft für Forschung, Münster, 6.2.1964. Mit Schreiben vom 29.4.1964 beruft Ministerpräsident Dr. Franz Meyers Professor Ratzinger in die Forschungsgemeinschaft. Mit Schreiben vom 5.5.1964 nimmt Ratzinger »die ehrenvolle Berufung« an. Mit dem Wechsel an die Universität Tübingen zum 1.6.1966 erhält Ratzinger den Status eines korrespondierenden Mitglieds der Arbeitsgemeinschaft.

213 Joseph Ratzinger, Das Problem der Dogmengeschichte aus der Sicht der katholischen Theologie (Arbeitsgemeinschaft für Forschung des Landes Nordrhein-Westfalen Abt. Geisteswissenschaften Heft 139), Köln und Opladen 1966.

214 Vgl. Josef Pieper, »Identitätstheologie« (1966). Zwei Diskussionsbemerkungen, in: ders., Religionsphilosophische Schriften (Werke Bd.7), Hamburg 2000, 167-170.

Für diesen Hinweis danke ich Professor Wald.

215 Joseph Ratzinger, Politik und Erlösung. Zum Verhältnis von Glaube, Rationalität und Irrationalem in der sogenannten Theologie der Befreiung, jetzt in: JRGS 10, 524-546.

216 Schreiben von Joseph Kardinal Ratzinger an Prof. Dr. Hans Schadewaldt, 5.9.1985 (Akte Joseph Ratzinger Anm.211).

217 Küng, Erkämpfte Freiheit (Anm.28), 592. Die Tübinger Gastvorlesung von Joseph Ratzinger, Das Problem der Transsubstantiation und die Frage nach dem Sinn der Eucharistie, ist jetzt wieder zugänglich in: JRGS 11, 271-298.

218 Ratzinger, Aus meinem Leben (Anm.1), 137.

219 Küng, Erkämpfte Freiheit (Anm.28), 591.

220 Ratzinger, Aus meinem Leben (Anm.1), 137.

221 Küng, Erkämpfte Freiheit (Anm.28), 593.

222 Ratzinger, Aus meinem Leben (Anm.1), 137.

223 Küng, Erkämpfte Freiheit (Anm.28), 443.

224 Küng, Erkämpfte Freiheit (Anm.28), 444.

225 Küng, Erkämpfte Freiheit (Anm.28), 592.

226 Hans Küng, Umstrittene Wahrheit. Erinnerungen. Ungekürzte Taschenbuchausgabe, München-Zürich 2009, 29.

227 Küng, Umstrittene Wahrheit (Anm.226), 29.

228 Ratzinger, Aus meinem Leben (Anm.1), 138.

229 Vgl. Münsterische Zeitung vom 26.5.1966, 96. Jahrgang, Nr. 121, 12.

230 Valente, Student, Professor, Papst (Anm.6), 108.

231 Ratzinger, Aus meinem Leben (Anm.1), 137.

232 Ratzinger, Aus meinem Leben (Anm.1), 138.

233 Ratzinger, Aus meinem Leben (Anm.1), 136.

234 Brief von Joseph Ratzinger an den Dekan der Katholisch-Theologischen Fakultät der Westfälischen Wilhelms-Universität Münster, Prof. Dr. Hermann Eising, vom 29.4.1966, Universitätsarchiv Münster, Bestand 22, Nr. 192.

Literaturverzeichnis

Verzeichnet sind nur die Bücher und Artikel, die bei der Erarbeitung häufiger herangezogen wurden, sowie alle ungedruckten Quellen. Spezielle Literatur zu einzelnen Themen findet sich in den entsprechenden Anmerkungen.

1. Gedruckte Quellen

1.1 Werke von Joseph Ratzinger

- Aus meinem Leben. Erinnerungen (1927-1977), Stuttgart ²1998

- Buchstabe und Geist des Zweiten Vatikanums in den Konzilsreden von Kardinal Frings, IKaZ Communio 16 (1987), 251-265

- Das Konzil auf dem Weg. Rückblick auf die zweite Sitzungsperiode des Zweiten Vatikanischen Konzils, Köln 1964

- Das neue Volk Gottes. Entwürfe zur Ekklesiologie, Düsseldorf 1969

- Die erste Sitzungsperiode des Zweiten Vatikanischen Konzils, Köln 1963

- Die beiden Quellen der Offenbarung, in: Mitteilungen des Instituts Papst Benedikt XVI. 2/2009, Regensburg 2009, 36-48

- Die letzte Sitzungsperiode des Konzils, Köln 1966

- Ergebnisse und Probleme der dritten Konzilsperiode, Köln 1965

- Geleitwort, in: Weiler, Volk Gottes – Leib Christi, XIII-XIV

- Il mio Concilio: ricordi dell'attuale Pontefice (Reset e Repubblica), Auszug aus einem Beitrag des Magazins Reset Mai/Juni 2005 in italienischer Sprache, im Internet abrufbar unter: www.papabenedettoxvitesti.blogspot.com/2011/03/ratzinger-il-mio-concilio-ricordi.html

- Offenbarung und Überlieferung. Versuch einer Analyse des Traditionsbegriffs, in: Karl Rahner / ders., Offenbarung und Überlieferung (QD 25), Freiburg-Basel-Wien 1965, 25-49

- Rezension zu: Franz Michel Willam, Vom jungen Angelo Roncalli (1903-1907) zum Papst Johannes XXIII. (1958-1963), Innsbruck 1967, ThQ 148 (1968), 236-241

- Salz der Erde. Christentum und katholische Kirche an der Jahrtausendwende. Ein Gespräch mit Peter Seewald, Stuttgart ⁴1996

- Stimme des Vertrauens. Kardinal Josef Frings auf dem Zweiten Vaticanum, in: Ortskirche im Dienst der Weltkirche. Das Erzbistum Köln seit seiner Wiedererrichtung im Jahre 1825. Festgabe für die Kölner Kardinäle Erzbischof Joseph Höffner und Alt-Erzbischof Josef Frings. Herausgegeben von Norbert Trippen und Wilhelm Mogge, Köln 1976, 183-190

- Vom Sinn des Christseins. Drei Adventspredigten, München 1965

1.2 Werke über Joseph Ratzinger

- Peter Pfister, Hrsg., Joseph Ratzinger und das Erzbistum München und Freising. Dokumente und Bilder aus kirchlichen Archiven, Beiträge und Erinnerungen, Regensburg 2006
- Georg Ratzinger, Mein Bruder, der Papst. Aufgezeichnet von Michael Hesemann, München 2011
- Peter Seewald, Benedikt XVI. Ein Porträt aus der Nähe, Berlin 2005
- Guido Treffler, Der Konzilstheologe Joseph Ratzinger im Spiegel der Konzilsakten des Münchner Erzbischofs Julius Kardinal Döpfner, in: Pfister, Hrsg., Joseph Ratzinger und das Erzbistum München und Freising, 151-183
- Norbert Trippen, Joseph Ratzinger als Mitgestalter des II. Vatikanischen Konzils, IKaZ Communio 35 (2006), 541-544
- D. Vincent Twomey SVD, Benedikt XVI. Das Gewissen unserer Zeit. Ein theologisches Portrait. Aus dem Englischen übersetzt von Peter Paul Bornhausen, Augsburg 2006
- Gianni Valente, Student, Professor, Papst. Joseph Ratzinger an der Universität. Übersetzung: Elisabeth Steinweg-Flecker, Augsburg 2009
- Hansjürgen Verweyen, Ein unbekannter Ratzinger. Die Habilitationsschrift von 1955 als Schlüssel zu seiner Theologie, Regensburg 2010
- ders., Joseph Ratzinger – Benedikt XVI. Die Entwicklung seines Denkens, Darmstadt 2007
- Karl Wagner/Albert Hermann Ruf, Kardinal Ratzinger. Der Erzbischof von München und Freising in Wort und Bild. Mit einem Beitrag »Aus meinem Leben«, München 1977
- Thomas Weiler, Volk Gottes – Leib Christi. Die Ekklesiologie von Joseph Ratz nger und ihr Einfluß auf das Zweite Vatikanische Konzil. Mit einem Geleitwort von Kardinal Joseph Ratzinger, Mainz 1997

1.3 Sonstige Literatur

- Yves Congar, Mon Journa du Concile II (1964-1966). Présenté et annoté par Éric Mahieu, Paris 2002
- Die Universität Münster 1780-1980. Im Auftrag des Rektors hrsg. von Heinz Dollinger, Münster 1980
- Josef Kardinal Frings, (/ Joseph Ratzinger), Das Konzil und die moderne Gedankenwelt. Vortrag in Genua, 20. November 1961, in: Pfister, Hrsg., Joseph Ratzinger und das Erzbistum München und Freising, 159-172
- ders., Für die Menschen bestellt. Erinnerungen des Alterzbischofs von Köln, Köln 1973
- Geschichte der Stadt Münster. Unter Mitwirkung von Thomas Küster herausgegeben von Franz-Josef Jakobi, Bd.3, Münster 1993
- Eduard Hegel, Geschichte der Katholisch-Theologischen Fakultät Münster 1773-1964, 1.Teil Münster 1966, 2.Teil Münster 1971
- Hans Küng, Erkämpfte Freiheit. Erinnerungen. Ungekürzte Taschenbuchausgabe, München-Zürich 2004
-ders., Umstrittene Wahrheit. Erinnerungen. Ungekürzte Taschenbuchausgabe, München-Zürich 2009

- Roberto de Mattei, Das Zweite Vatikanische Konzil. Eine bislang ungeschriebene Geschichte. Verlag Kirchliche Umschau o.O. 2011
- Josef Pieper, Autobiographische Schriften (Werke in acht Bänden, Ergänzungsband 2), hrsg. von Berthold Wald, Hamburg 2003
- Manfred Plate, Weltereignis Konzil, Freiburg-Basel-Wien 1966
- Jörg W. Rademacher / Christian Steinhagen, Gelehrtes Münster und rundum. 88 Schriftsteller, Philosophen und Theologen. Wohnorte, Wirken, Werke, Berlin 2005
- Norbert Trippen, Josef Kardinal Frings (1887-1978). Bd. II. Sein Wirken für die Weltkirche und seine letzten Bischofsjahre, Paderborn u.a. 2006

2. Ungedruckte Quellen

2.1 Mitschriften der Vorlesungen und Vorträge von Joseph Ratzinger

- Das christliche Gottesbild (WS 1963/64), 29 S.
- Die Kirche und das Heil der Welt (Vorträge bei Einkehrtagen zu Ostern 1963), 28 S.
- Die Lehre von der Eucharistie (SS 1963), 109 S.
- Einleitung in die Dogmatik 1. Teil (SS 1963), 36 S.
- Ekklesiologie (SS 1965), 271 S.
- Grundbegriffe theologischen Erkennens (Einleitung in die Dogmatik Teil II, WS 1963/64), 25 S.
- Rückblick auf das Konzil (WS 1965/66), 92 S.
- Schöpfungslehre (SS 1964), 254 S.
- Theologische Fragen auf dem II. Vatikanischen Konzil, Vortrag bei der Dekane-Konferenz in Freckenhorst, 6. Juni 1963, Protokoll der Dekane-Konferenz, S.10-15
- Überlegungen zur Theologie und Spiritualität des priesterlichen Dienstes (5 Vorträge, gehalten am 27., 28. und 29. April 1967 in Bentlage bei Rheine), 84 S.

2.2 Unveröffentlichte Briefwechsel

- Brief von Josef Pieper an Paul Drücke, 23.4.1996, Franz-Hitze-Haus, Münster, Josef-Pieper-Bibliothek
- Brief von Joseph Kardinal Ratzinger an Bischof Hubert Luthe, 22.5.1997, Privatbesitz von Altbischof Dr. Hubert Luthe, Essen
- Briefe von Joseph Ratzinger an Josef Pieper, Dt. Literaturarchiv Marbach
- Briefe von Joseph Ratzinger an Paul Hacker, Privatbesitz von Dr. Ursula Hacker-Klom, Münster
- Brief von Joseph Kardinal Ratzinger an Berthold Wald, 25.11.1997, Privatbesitz von Prof. Dr. Berthold Wald, Lüdinghausen
- Brief des Seminars für Fundamenthaltheologie der Katholisch-Theologischen Fakultät der Universität Münster (Prof. Dr. Jürgen Werbick, AkRat Dr. T. R. Peters) an Joseph Kardinal Ratzinger vom 02.09.1997 und Brief von Joseph Kardinal Ratzinger an das Seminar für Fundamentaltheologie (Prof. Dr. Jürgen Werbick, AkRat Dr. T. R. Peters) vom 26.09.1997, Kopien im Privatbesitz von Prof. DDr. Johann Baptist Metz, Münster

2.3 Archivalien

- Bistumsarchiv Münster:

  Akten zur Katholisch-Theologischen Fakultät und zur Katholischen Studentengemeinde

- Landesarchiv NRW Abteilung Rheinland, Düsseldorf:

  Akten NW 0178-544, NW 0144-407

- Universitätsarchiv Münster

  Bestand 5 (Rektor (1902-1970), Personalakten) Nr. 414

  Bestand 10 (Kurator (1888-1970), Personalakten) Nr. 5696

  Bestand 9 (Kurator 1888-1970), Sachakten) Nr. 1599 und 1669

  Bestand 4 (Rektor (1902-1970), Sachakten) Nr. 1694

  Bestand 22 (Katholisch-Theologische Fakultät (ab 1773), Sachakten) Nr. 192

2.4 Zeitungsartikel und Schriftstücke

- Drei Jahre mit Ratzinger. Die Bochumerin war von 1963 bis 1966 Sekretärin des heutigen Papstes, MZ 24.09.2011

- Manuel Jennen, Annette-Allee: In diesem Haus lebte einst der heutige Papst, MZ 17.04.2010

- Stephan Otto Horn, Kardinal Ratzinger in seinem Schülerkreis, Manuskript, 15 S. In italienischer Sprache veröffentlicht unter dem Titel: Il Cardinale Ratzinger e i suoi studenti, in: Josef Clemens / Antonio Tarzia, Hrsg., Alla scuola della Verità. I settanta anni di Joseph Ratzinger, Mailand 1997, 9-26

- ders., Was mich mit dem Papst verbindet, Artikel im Wegbereiter, Heft 4/2005, im Internet abrufbar unter: www.kath.de/magazin/wegbereiter/Seiten.und.Rahmen/4-05/22.html

- Vinzenz Pfnür, Joseph Ratzinger in Münster, Beitrag im Programmheft zum Film »Augustinus« (Papst-Fassung) am 25.11.2009 im St.-Paulus-Dom, Münster, 4 S.

- Ulrich Zurkuhlen, Theologischer Teenager. Eine persönliche Erinnerung, Kirche+Leben 1.Mai 2005, 9

Bildquellenverzeichnis

S. 14 Rudolf Heinze, Archiv Bonner Generalanzeiger.

S. 21 Michael Bönte, Dialogverlag Münster.

S. 23, 25, 27, 29 Privatbesitz Marianne Eder, Herrenberg.

S. 32, 33, 35 Michael Bönte, Dialogverlag Münster.

S. 36 Archiv Westfälische Nachrichten, Münster.

S. 41 Manuel Schlögl, Münster (Hahn, Pfnür, Verweyen); Michael Bönte, Dialogverlag Münster (Hülsbusch).

S. 57 Privatbesitz Johann Baptist Metz, Münster.

S. 59 Heinz Duttmann, Ahaus.

S. 60 Privatbesitz Peter Kuhn, München.

S. 63 Privatbesitz Hansjürgen Verweyen, Merzhausen.

S. 65, 66, 69 KNA.

S. 70, 73 Josef A. Slominski.

S. 75, 77 KNA.

S. 81 Josef A. Slominski.

S. 83 KNA.

S. 91 Privatbesitz Georg Ratzinger, Regensburg.

S. 92 KNA.

S. 95 Privatbesitz Bernhard Lübbering, Recklinghausen.

S. 99 Michael Bönte, Dialogverlag Münster.

S. 108 Privatbesitz Ursula Hacker-Klom, Münster.

S. 113 Privatbesitz Monika Nessau, Münster.

S. 115 Josef-Pieper-Bibliothek, Akademie Franz-Hitze-Haus, Münster.

S. 118 Herbert Zink, Hilde Schürk-Frisch, Recklinghausen, 1980.

S. 121 Adolf Clemens, Münster.

S. 123, 127 Michael Bönte, Dialogverlag Münster.

S. 145 Markus Nolte, Dialogverlag Münster.

Dank

Ich danke Seiner Heiligkeit, Papst Benedikt XVI., für die Erlaubnis, aus seinem Briefwechsel zu zitieren und seine Personalakte im Universitätsarchiv Münster einzusehen.

Ich danke Bischof Dr. Felix Genn für sein Geleitwort zu diesem Buch.

Für die Bereitstellung von Material, für das persönliche Gespräch und für die Mithilfe bei meiner Arbeit danke ich folgenden Personen:

Dr. Roman Angulanza, Salzburg
Prof. Dr. Alois Baumgartner, Anzing
Sr. Alinda Benning, Münster
Dr. Christoph und Prof. Dr. Ernst-Wolfgang Böckenförde, Freiburg
Pfr. Erhard Bögershausen, Nordenham
Prof. Dr. Dr. Werner Bröker und Maria Ostwald, Gimbte
Prof. Adolf Clemens, Münster
Ursula Closset, Bochum
Dr. Franz-Josef Dömer, Münster
Heinz Duttmann, Ahaus
OStRin i.R. Marianne Eder, Herrenberg
Hedwig Epping, Altenberge
Dr. Thomas Flammer, Münster
Prof. Dr. Bernhard Fraling, Münster
Dr. Ursula Hacker-Klom, Münster
P. Prof. Dr. Viktor Hahn CSSR, Köln
P. Prof. Dr. Stephan Otto Horn SDS, Pfarrkirchen
Pfr. Dr. Werner Hülsbusch, Münster
Prof. Dr. Dr. Peter Kuhn, München
Prof. Dr. Leo Langemeyer, Warendorf
Altbischof Dr. Reinhard Lettmann, Münster
Pfr. Dr. Jan Loffeld, Münster
Pfr. Bernhard Lübbering, Recklinghausen
Altbischof Dr. Hubert Luthe, Essen
Prof. Dr. Dr. Johann B. Metz, Münster
Nuntiaturrat Prälat Dr. Ewald Nacke, Berlin
Dr. Monika Nessau, Münster
Maria Nettels, Münster
Regens Hartmut Niehues, Münster
Prof. Dr. Vinzenz Pfnür (†), Münster
OStR Dr. Jörg Rademacher, Leer
Apostolischem Protonotar Prof. Dr. Georg Ratzinger, Regensburg
P. Prof. Dr. Michael Schneider SJ, Frankfurt-St. Georgen
Pfr. Willi Schoelen, Vreden
Lydia und Martin Schropp, Eichendorf
Josef A. Slominski, Neuhäusel
Pfr. Ewald Spieker, Münster

Christian Steinhagen, Münster
Bernhard Suermann, Bielefeld
Prof. Dr. Dr. Hansjürgen und Ingrid Verweyen, Merzhausen
Prof. Dr. Berthold Wald, Lüdinghausen
Dr. Ralph Weimann, Rom
Pfr. Heinrich Westhoff, Lüdinghausen
Pfr. Heinz Witthake, Münster
Pfr. Ulrich Zurkuhlen, Münster

Für vielfältige Hilfe und Beratung danke ich folgenden Institutionen:
Archiv Bonner Generalanzeiger
Archiv der Westfälischen Nachrichten
Bistumsarchiv Münster
Dialogverlag Münster
Diözesanarchiv Köln
Franz-Hitze-Haus, Münster
Institut Papst Benedikt XVI., Regensburg
Nordrhein-Westfälische Akademie der Wissenschaften, Düsseldorf
Kath. Pfarramt St. Joseph / St. Antonius, Münster
Stadtarchiv Münster
Universitätsarchiv Münster